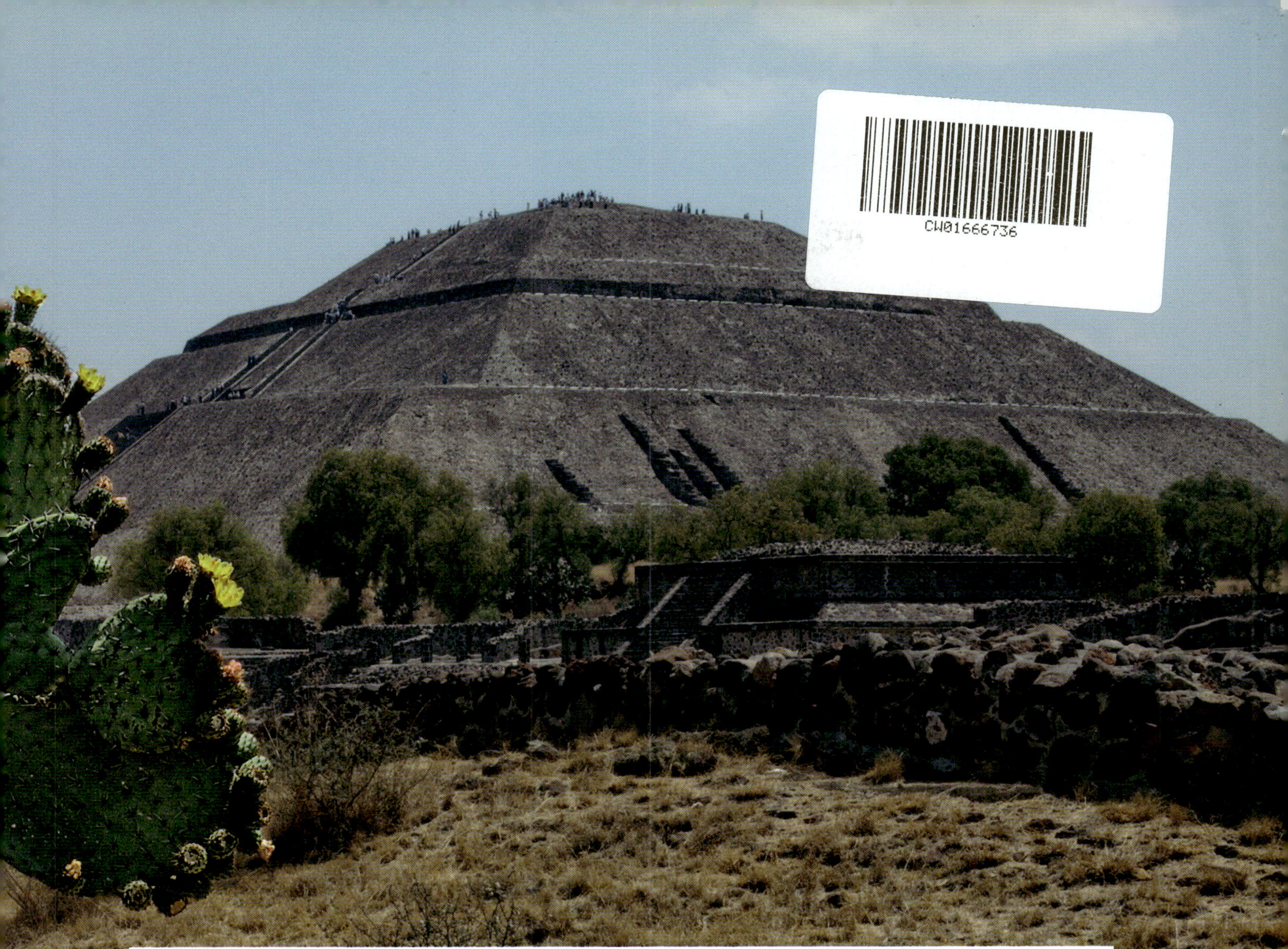

« Teotihuacan, Cité des Dieux » est la première exposition d'art précolombien d'ampleur présentée à Paris depuis une vingtaine d'années. Elle est née de la volonté commune du musée du quai Branly et des institutions mexicaines de travailler ensemble à un projet ambitieux.
Cette exposition est l'œuvre de l'archéologue Felipe Solís Olguín, directeur du musée national d'Anthropologie de Mexico, décédé le 23 avril dernier. Je l'ai rencontré pour la première fois en 1999-2000, au cours d'un voyage en Amérique centrale. Quelques années plus tard, je lui lançai une invitation : « Il faut absolument que nous fassions quelque chose de fort, qui ouvre des perspectives inédites sur l'archéologie mexicaine ». Il me répondit : « Teotihuacan ».
Cette exposition-événement était pour lui l'occasion, d'une part de faire la synthèse de son travail et de présenter les résultats très spectaculaires des dernières fouilles réalisées sous la pyramide de la Lune et, d'autre part, de montrer l'importance de la civilisation de Teotihuacan, un site dont les fouilles ont été longtemps éclipsées par les grands chantiers aztèques du Templo Mayor de Mexico. Felipe Solís souhaitait aussi rendre hommage aux archéologues européens qui se sont intéressés à Teotihuacan, même si l'immense majorité des œuvres exposées provient des musées mexicains. C'était un homme à la fois énergique, souriant et discret, pour qui le travail était une valeur de référence. Très estimé, aussi bien dans le monde de l'archéologie que dans celui des institutions culturelles, deux univers pourtant très différents, il a laissé son empreinte dans l'histoire de l'art. Remarquable archéologue et directeur de musée influent, sa disparition soudaine nous a beaucoup émus. Cette exposition lui est dédiée.

STÉPHANE MARTIN
Président du musée du quai Branly

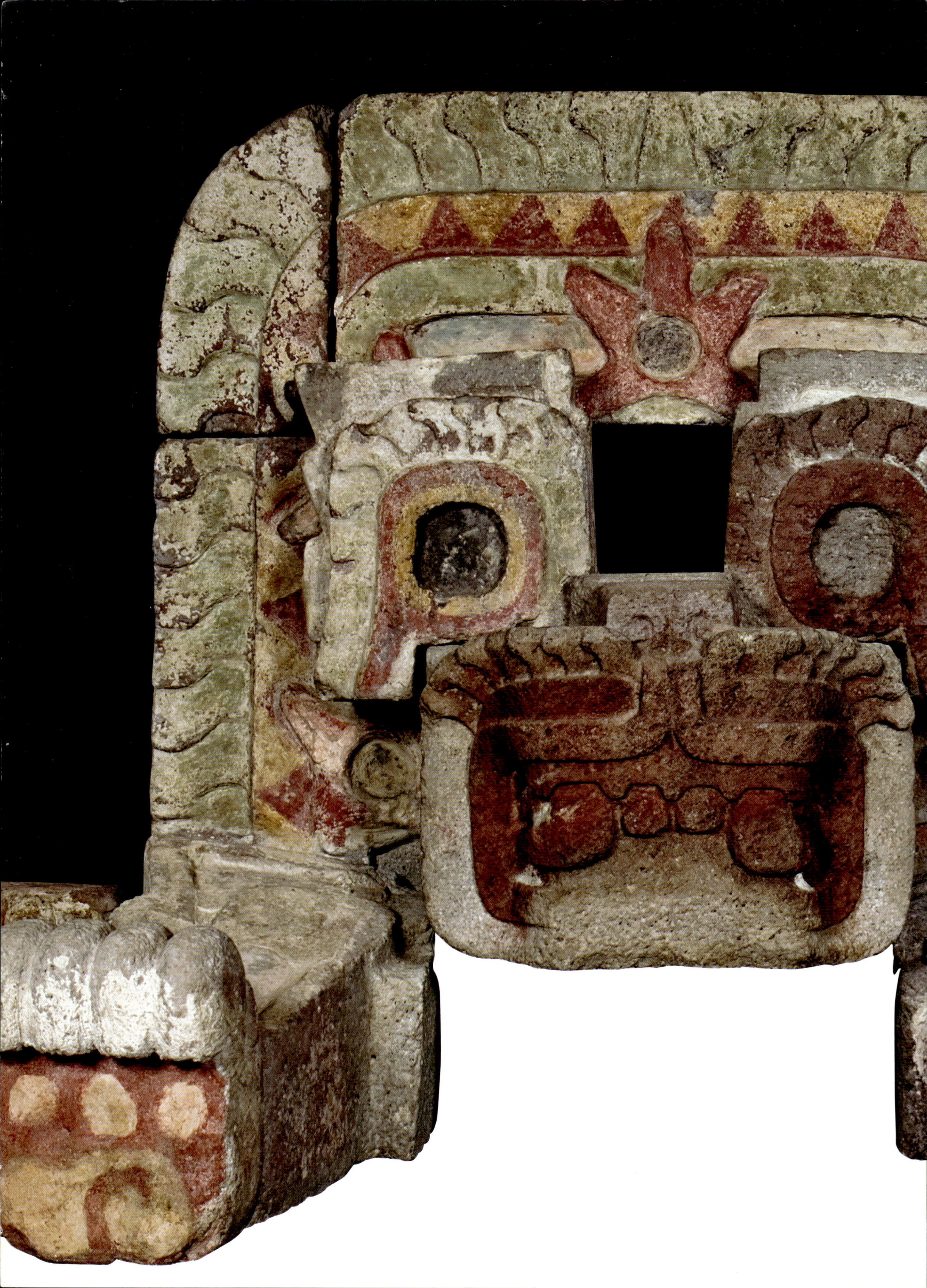

TEOTIHUACAN redécouverte

Les fouilles récentes menées sur le célèbre site mésoaméricain ont permis une avancée déterminante des connaissances, comme l'explique ici Miguel Angel Baez Perez, chercheur attaché à la Coordination nationale des musées et des expositions du Mexique.

PROPOS RECUEILLIS PAR DOMINIQUE BLANC

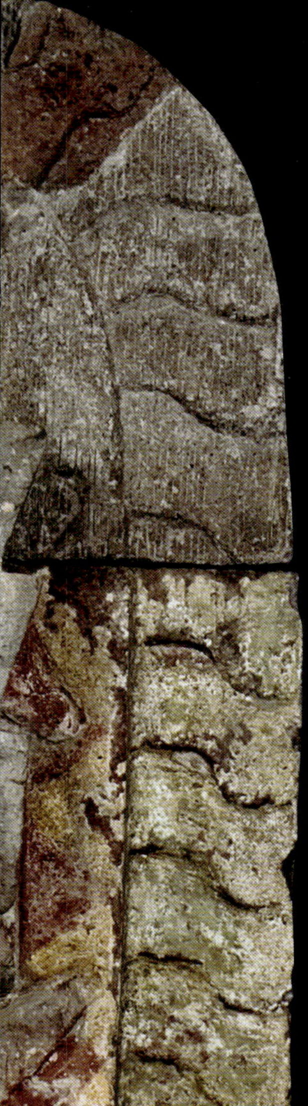

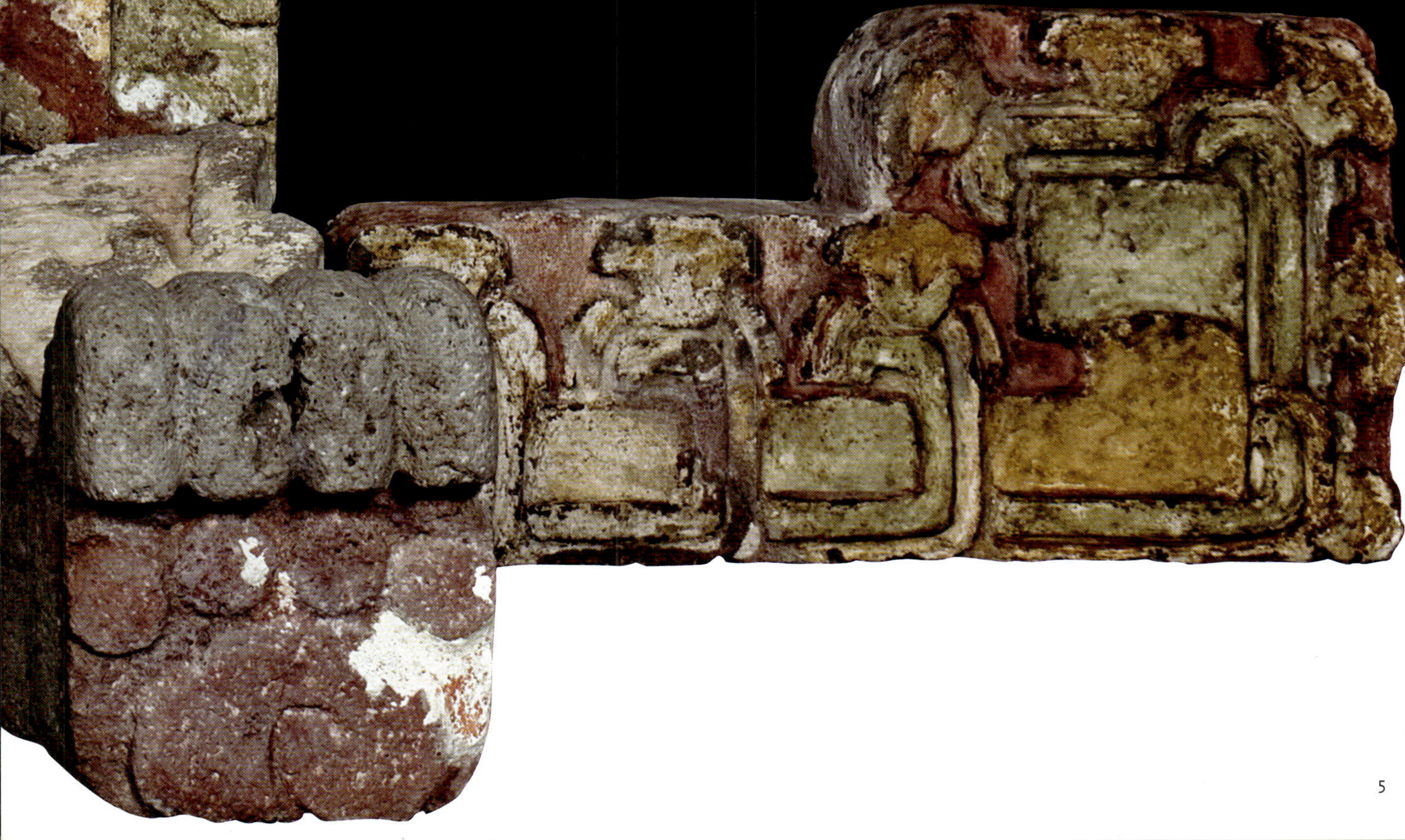

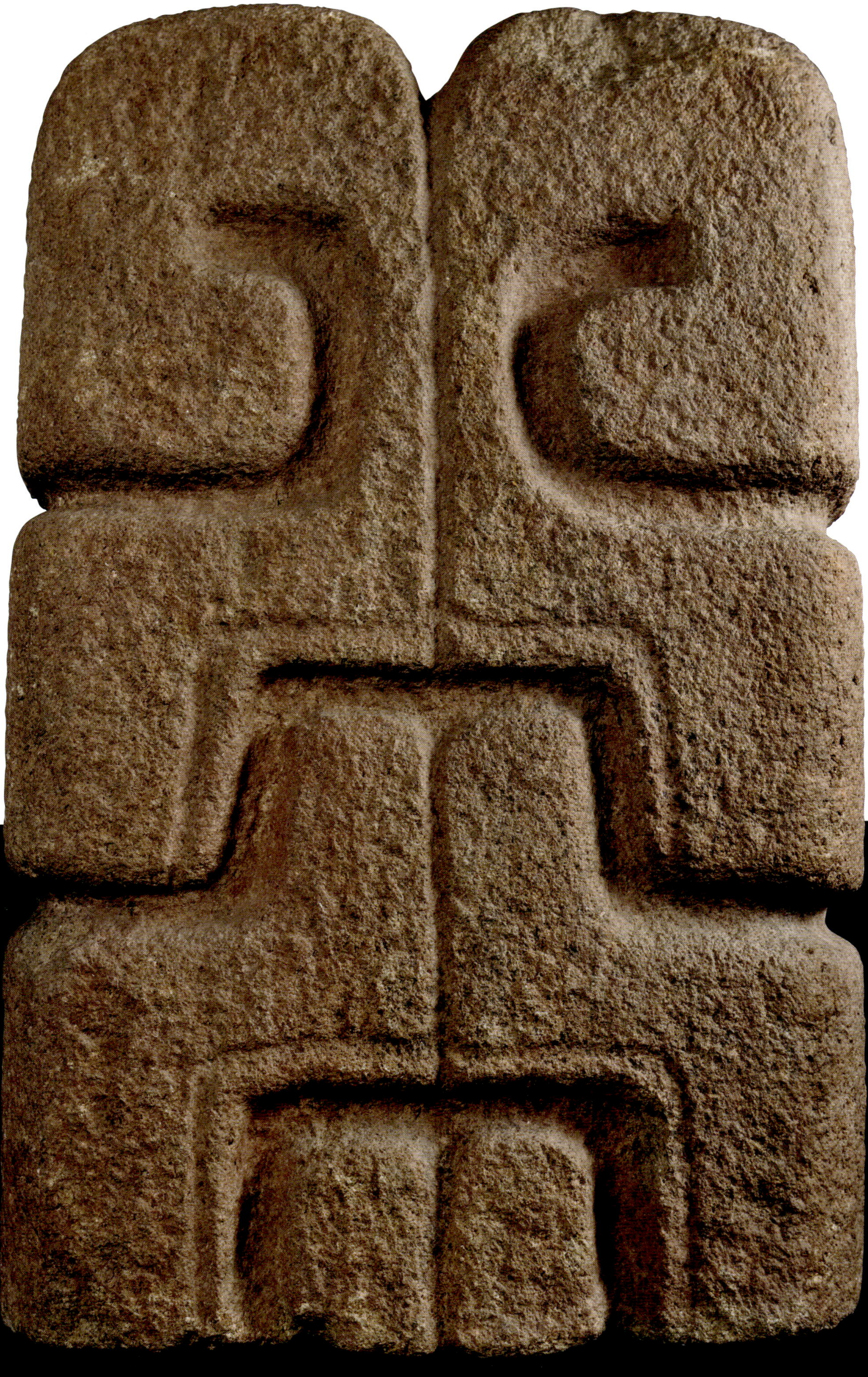

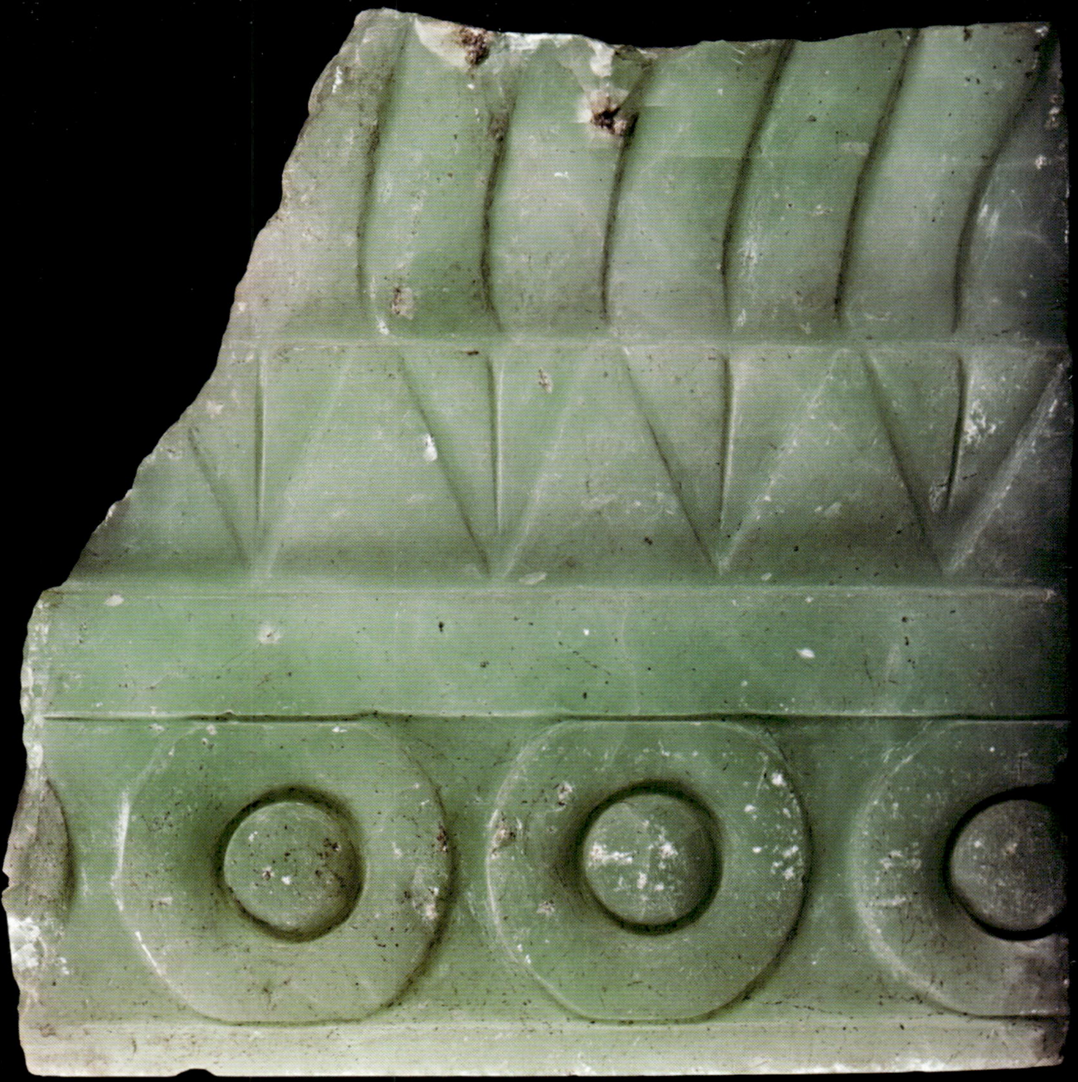

Avec deux tiers de pièces encore jamais montrées en Europe, cette exposition présente Teotihuacan sous un jour en partie inédit. Quelle est sa particularité par rapport à d'autres déjà organisées sur le sujet ?

La seule exposition un peu importante qui ait été consacrée à Teotihuacan a été montée à San Francisco il y a une quinzaine d'années, avec des collections privées nord-américaines pour l'essentiel et dans une optique « histoire de l'art » qui s'appuyait sur la dimension plastique des objets. D'autres présentations ont circulé en Europe – mais pas à Paris – et à l'automne 2008, l'Institut national d'Anthropologie et d'Histoire de Mexico (INAH) a organisé à Monterrey, au nord-est du Mexique, « Teotihuacan, Cité des Dieux », qui établissait pour le grand public un premier bilan des découvertes très riches réalisées sur le site depuis une vingtaine d'années, et plus spécifiquement depuis le début du XXIe siècle. Cette manifestation, conçue par le directeur du musée national d'Anthropologie de Mexico, Felipe Solís, a permis de jeter un regard neuf sur la civilisation inédite qui s'est développée dans cette cité de la Meseta central, le plateau situé au cœur du pays, entre le Ier siècle av. J.-C. et le VIIe siècle de notre ère. C'est cette exposition, constituée sur la base des collections du musée national d'Anthropologie et du musée de site de Teotihuacan, avec de nombreux objets qui sont encore à l'étude et ne sont jamais sortis du Mexique, que nous présentons au musée du Quai Branly – augmentée des prêts de plusieurs collections publiques européennes. Avec quatre cent cinquante pièces, c'est la plus complète jamais proposée sur le sujet. Pour la première fois, est offerte une vision d'ensemble de cette cité exceptionnelle et de la société qui y vivait, dans une perspective à la fois archéologique et anthropologique.

Page de gauche :
Crotale
État de Mexico, 350-550 ap. J.-C., andésite, H. :80 cm, Institut mexicain de la Culture.

Ci-dessus :
Fragment d'acrotère
Teotihuacan, 150-550 ap. J.-C., pierre verte, 25 x 26 x 6,5 cm.

Les découvertes récentes dont vous parlez ont-elles livré quelque certitude sur une ville qui semblait jusqu'ici avoir suscité plus de questions que de réponses ?

Elles ont, en tout cas, sensiblement modifié la vision que l'on a pu avoir de Teotihuacan : celle d'une cité plutôt égalitaire, gouvernée pacifiquement par des prêtres et qui ignorait la pratique des sacrifices humains répandue au sein des sociétés contemporaines en Mésoamérique. Les fouilles conduites sur la pyramide de la Lune entre 1998 et 2004 ont révélé sous la structure actuelle l'existence de six pyramides superposées, dont on a pu établir qu'elles ont été érigées à intervalles réguliers de cinquante-deux ans, depuis l'édification du prototype au premier siècle de notre ère jusqu'à la fin du IVe siècle. Ce cycle de cinquante-deux ans qui, pour toutes les sociétés précolombiennes, correspond au moment où le calendrier terrestre (365 jours) « rencontre » le calendrier religieux (260 jours), a été marqué à Teotihuacan par la construction d'un nouvel édifice en l'honneur des dieux, qui fut sanctifié par des dépôts d'offrandes sous la forme de sacrifices d'hommes et d'animaux sacrés. Avant ces découvertes, on pensait que les cent trente-six squelettes retrouvés en 1999 sur le site du temple de Quetzalcóatl constituaient une exception à Teotihuacan. Aujourd'hui, six dépôts d'offrandes sacrificielles ont été inventoriés sur le site de la pyramide de la Lune et l'on s'attend à ce que les investigations encore à mener sur la pyramide du Soleil donnent des résultats similaires. Plusieurs éléments de ces dépôts figurent à l'exposition : sur le plan des coutumes, de la parure et du costume et des éléments de statut social qu'ils induisent, des dispositifs de sacrifice et d'inhumation, mais aussi sur le plan de la connaissance de la flore et de la faune locales, des modes alimentaires, de la croissance et de la santé des individus – tous des hommes étrangers à la cité –, des échanges et des relations entre des groupes géographiquement éloignés, ces découvertes ont fait faire un véritable bond en avant à nos connaissances.

À travers elles transparaît la puissance hégémonique de Teotihuacan sur un vaste territoire, ainsi que la dimension guerrière qui lui était associée (plusieurs sacrifiés semblent avoir été des prisonniers, voire des blessés, de guerre). En même temps, la question du pouvoir et de son organisation dans la cité reste ouverte. Les fouilles conduites entre 2000 et 2005 sur le « complexe » Xalla, situé entre les deux pyramides (cf. plan p. 18), ont dégagé un dispositif architectural unique dans la ville, susceptible de nous faire avancer sur cette question : une place centrale encadrée par quatre temples, dotés d'un escalier sur leurs quatre côtés, l'ensemble dessinant une sorte de motif floral qui pourrait être l'emblème de Teotihuacan, alors que l'organisation spatiale des places à Teotihuacan, devant les pyramides par exemple, est généralement celle d'un vaste espace central entouré de trois structures ornées de gradins sur trois côtés. La présence d'importantes réserves de mica importées de l'État d'Oaxaca, emmagasinées dans les entrepôts du complexe Xalla, a conduit les scientifiques à penser qu'il s'agissait sans doute du siège de l'administration générale de la ville où s'effectuait, entre autres, le contrôle et la distribution de ce matériau précieux entre tous, utilisé dans des usages rituels pour sa capacité à renvoyer la lumière. Édifié entre 250 et 300 de notre ère, bien après les deux pyramides, ce complexe en quatre parties pourrait correspondre à une direction quadripartite réunie en ces lieux pour gérer et

Page de droite :
Tête de serpent
Ces grandes têtes étaient insérées sur tout le tour du temple du Serpent à plumes , grâce à de longs tenons. Elles étaient entièrement stuquées et peintes.
Teotihuacan, temple du Serpent à plumes 150-200 ap. J.-C., pierre volcanique, stuc et pigments, 180 x 73 x 60 cm, musée du site.

Ci-dessous :
Sculpture de Quetzalcóatl
Teotihuacan, 250-450 ap. J.-C., pierre volcanique, 116,2 x 19 x 11 cm, Mexico, musée Diego Rivera Anahuacalli.

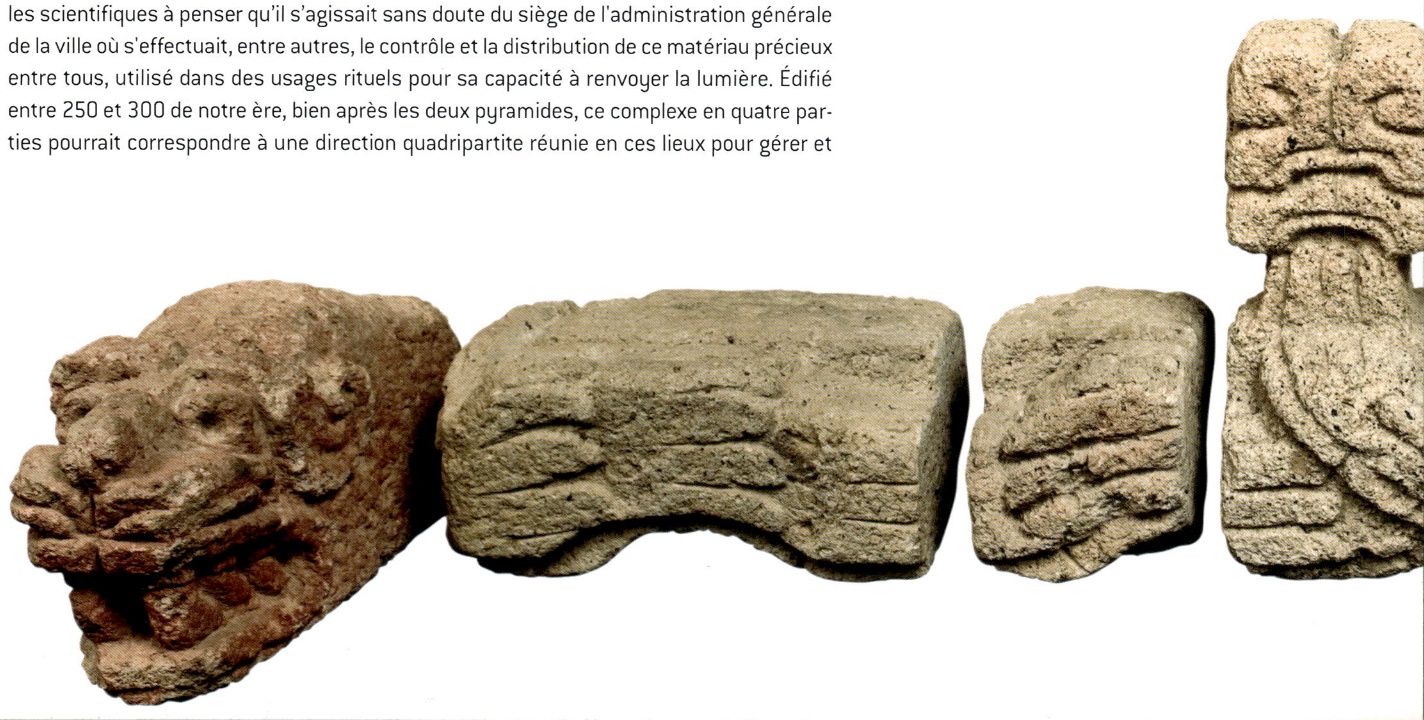

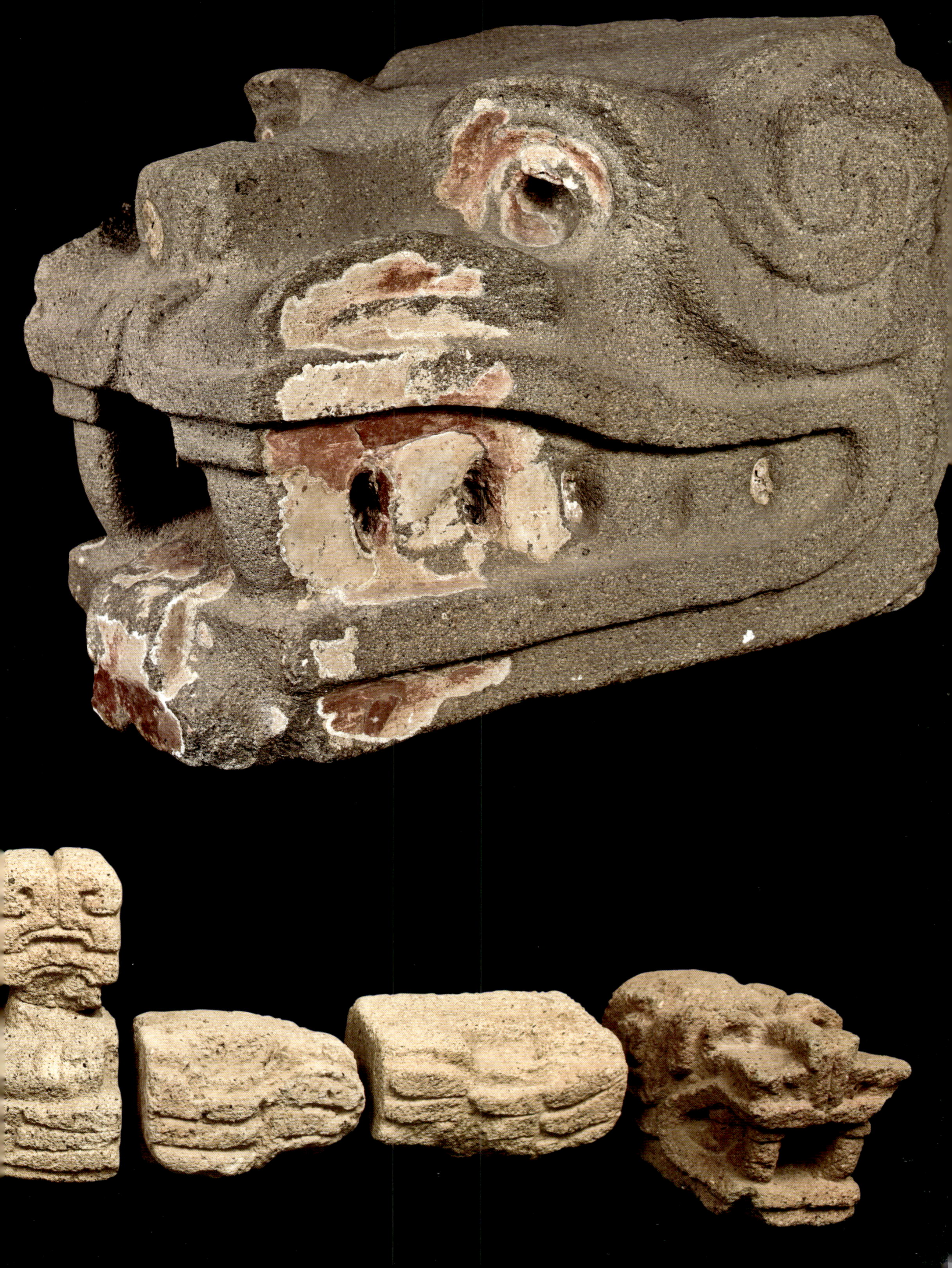

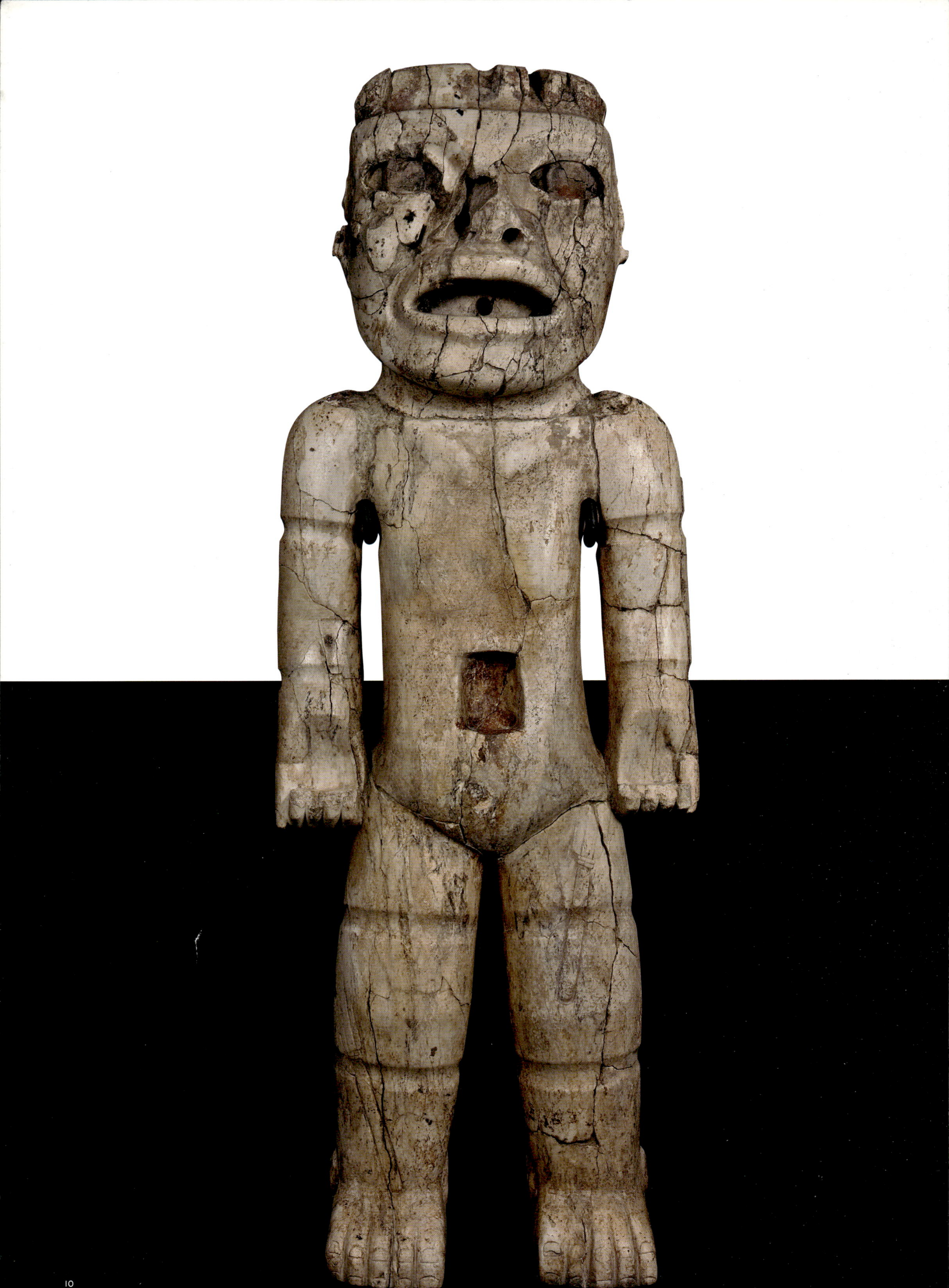

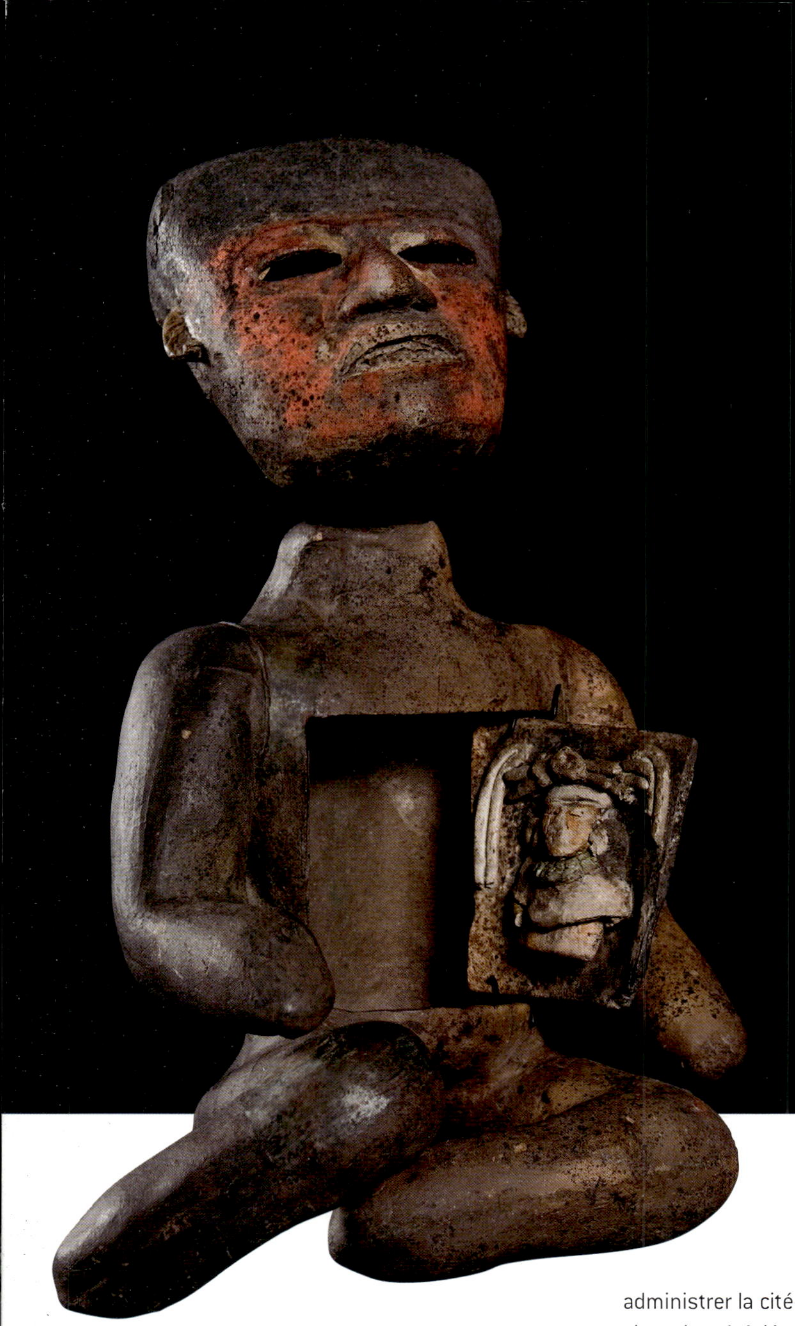

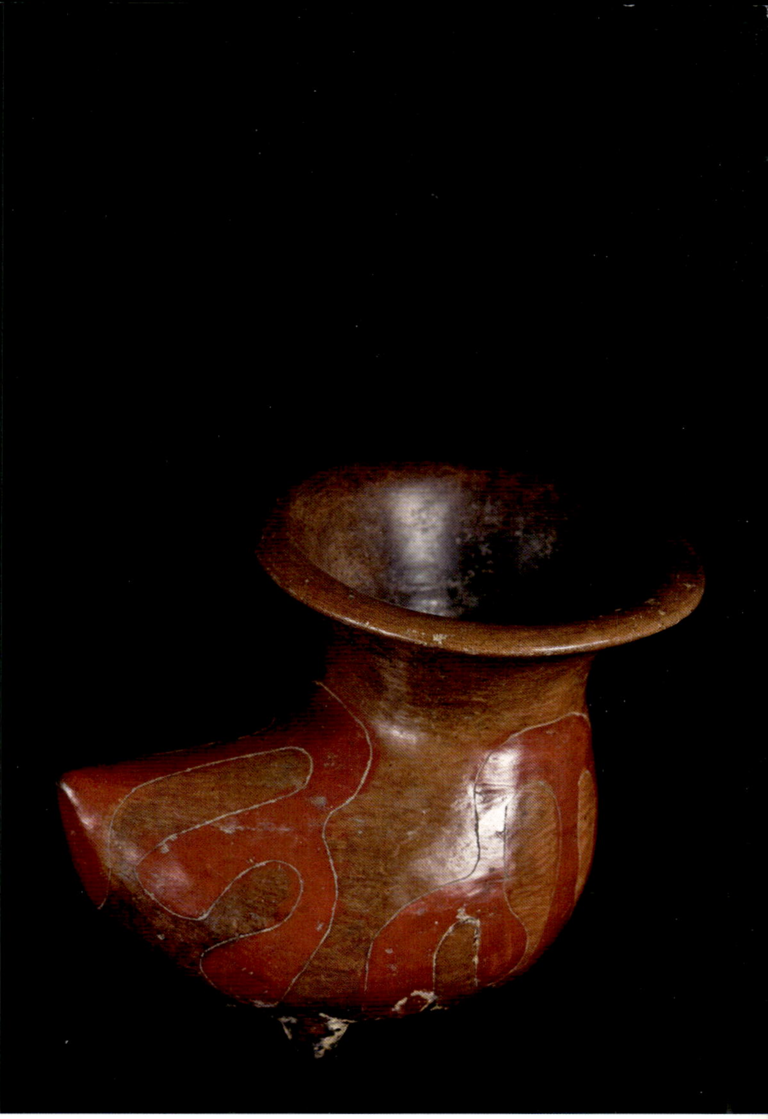

Page de gauche :
Prisonnier sacrifié par fléchage, dit *Le Sacrifié de Xalla*
Cette sculpture, la plus grande trouvée à Teotihuacan, est un exemple unique. Les traces de liens et de projectiles évoquent un sacrifice par fléchage.
Teotihuacan, Xalla, 150-550 ap. J.-C., marbre, 128 x 42 x 16 cm.

Ci-dessus :
Figurine gigogne
La partie interne de la porte représente une femme parée d'attributs qui la rattachent à un groupe de haut rang. Ce type de pièce semble avoir eu pour fonction de reproduire des situations particulières de la vie des Teotihuacans.
Teotihuacan, 350-550 ap. J.-C., céramique et pigments, 18,5 x 20 x 12 cm, musée du site.

Vase-Sabot
Cet étrange objet est décoré de deux symboles identifiés comme des gouttes de sang. Sa fonction aurait pu être de recevoir le sang lors de sacrifices humains.
Teotihuacan, 250-350 ap. J.-C., céramique et pigments, 17,3 x 11 cm, Puebla, musée Amparo.

administrer la cité-État, ce que l'iconographie des temples semble suggérer. C'est sur ce site qu'ont été découvertes deux des pièces les plus importantes de l'exposition : *Le Sacrifié de Xalla,* une effigie en marbre (un matériau rare au Mexique) de près d'un mètre trente de haut, représentant un personnage debout, nu, une expression d'effroi sur le visage, portant des marques de liens aux jambes et aux bras (page de gauche), et le spectaculaire élément d'architecture en pierre stuquée polychrome à l'effigie d'un jaguar, figuré babines retroussées et toutes griffes dehors (pp. 4-5).

En dépit de ces avancées notables, reste-t-il des domaines en friche ? Les archéologues ont-ils encore des découvertes à faire ?

Seulement cinq pour cent des vingt-deux kilomètres carrés qui correspondent à l'extension principale de Teotihuacan ont été fouillés, c'est dire si l'avenir du site est devant nous ! En fait, d'innombrables questions demeurent irrésolues. Nous savons à présent que l'organisation sociale de la ville était rigoureusement stratifiée et hiérarchisée, à l'image de son organisation spatiale, mais pourquoi n'y trouve-t-on jamais la représentation d'un chef qui se distinguerait des autres par ses attributs ? Pourquoi n'y a-t-il jamais de message politique dans l'iconographie, comme cela existe abondamment chez les Mayas et les Aztèques ? Ici, c'est comme si le pouvoir, ou ce qui le représente, était nié. Le choix de confier la gestion du politique, du religieux et de l'économique à quatre représentants des quartiers de la cité participait-il d'un désir de partage, et donc d'équilibre, des responsabilités, témoignant d'une certaine méfiance vis-à-vis d'une autorité unique survalorisée ?
Un autre problème passionnant concerne les motifs et les circonstances de l'abandon de la ville en 650. D'aucuns ont évoqué des déforestations massives opérées par la population,

L'INDIENNE

À l'heure où l'on parle volontiers du « réveil » des identités indiennes en Amérique centrale et en Amérique du Sud, que représente la Cité des Dieux pour les Mexicains ? Le magnétisme de son image, comme un condensé de la puissance et de la prospérité que connaissait la terre mexicaine à une époque où l'Occident en ignorait jusqu'à l'existence, les fascine toujours. « Cela nous invite à approfondir notre réflexion sur la splendeur de notre passé et sur les symboles les plus profonds de notre identité », écrivait en 2008 le président du Conseil pour la culture et les arts du Mexique, Sergio Vela, à l'occasion de l'inauguration de « Teotihuacan, Cité des Dieux » à Monterrey. Un symbole d'identité, dans un pays hispanique où le métissage est la règle ? Le « poids » de Teotihuacan dans l'imaginaire du Mexique actuel semble lié aux symboles qu'elle véhiculait déjà aux yeux des Aztèques il y a plusieurs siècles : une ancestralité glorieuse, qui auréole ses descendants, même fictifs, d'un prestige réel dont ils sont fiers. Mais il y a plus que cela. La magie et les pouvoirs de régénération prêtés à ce lieu où, dit la légende, fut créé le monde, sont intacts. Ce sont eux qui attirent chaque 21 mars, jour de l'équinoxe de printemps, une foule spontanée de trois cent mille personnes, vêtues de blanc, venues escalader les degrés de la Pyramide du soleil dans l'espoir de capter les énergies bénéfiques de l'univers. Le site, lui, reçoit près de huit millions de visiteurs par an. D. B.

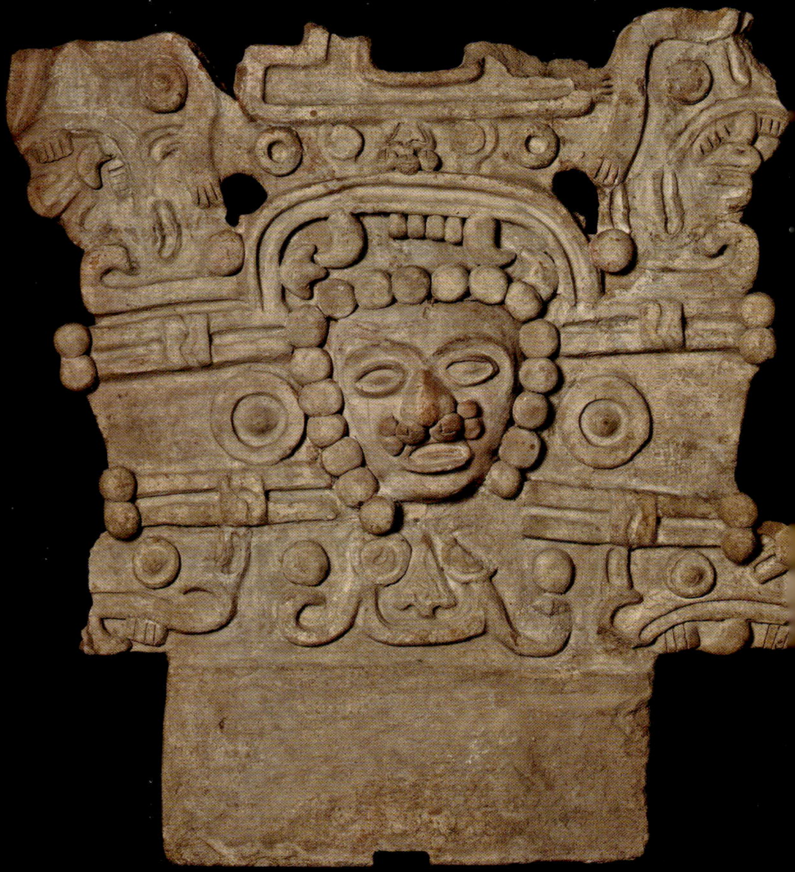

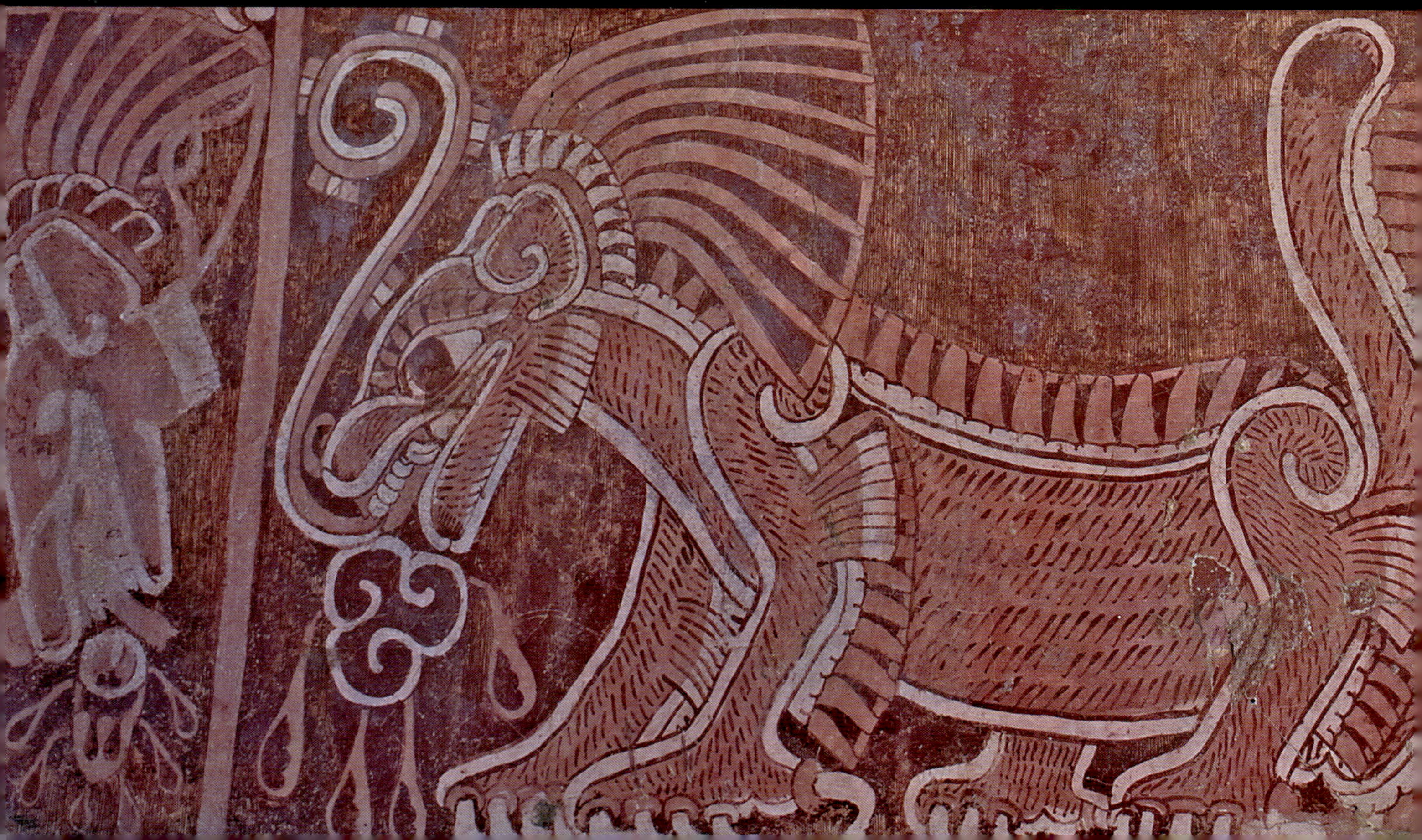

Acrotère stuqué et peint
Cet acrotère illustre les liens entre Teotihuacan et l'aire maya : le dieu créateur maya, K'inich Ajaw, est associé au dieu de la pluie Tláloc, reconnaissable à la base de l'objet à ses « lunettes » et à sa moustache.
Teotihuacan, 350-650 ap. J.-C., céramique et stuc, 79 x 74,5 x 9,5 cm.

qui auraient entraîné une forte érosion des sols cultivés et donc une diminution importante des ressources alimentaires pour les cent cinquante mille habitants de Teotihuacan, à l'origine d'un exode massif. D'autres ont parlé de guerre et de destructions ayant entraîné la fuite des élites, peut-être vers Cholula, dans l'État de Puebla, à trois cents kilomètres de la Cité des Dieux, et le remplacement des autochtones par de nouveaux venus, le groupe Coyotlatalco (du nom des céramiques qu'ils ont apportées avec eux). D'autres encore, au rang desquels je me place, penchent plutôt pour un abandon rituel, qui aurait pu être suscité par un événement annonciateur de désastres à venir, une longue éclipse de soleil par exemple. À l'instar des empereurs de Chine qui pouvaient rejeter le lieu d'implantation d'une ville à cause de son mauvais *feng shui,* le site se serait alors chargé de valeurs négatives et aurait été incendié pour cette raison, ses statues brisées et renversées comme on a retrouvé le *Sacrifié de Xalla.* Il est possible aussi que plusieurs phénomènes (économique, climatique, divinatoire) se soient cumulés, ce qui dans le contexte de croyances de l'époque, ne pouvait manquer de faire déserter la cité.

Sait-on aujourd'hui qui étaient les fondateurs de Teotihuacan et pourquoi ont-ils créé une ville à cet endroit ?

La question de l'origine des « fondateurs » demeure, pour l'instant, irrésolue. De même que le déchiffrement de leur écriture, dont nous ne possédons qu'un seul exemple, resté mystérieux faute de comparaison possible. Le nom « Teotihuacan » (la Cité des Dieux), les appellations « pyramide de la Lune » et « pyramide du Soleil » ont été donnés par les Aztèques, les premiers archéologues de Teotihuacan au XIVe siècle, alors que celle-ci s'était transformée depuis longtemps en ville-fantôme. Ils en ont fait un lieu magique et tabou, auquel ils ont conféré le statut de cité des origines, créée par les dieux et pour les dieux, afin de mieux s'inscrire eux-mêmes dans cette filiation prestigieuse et imaginaire. Cette aura sacrée, la ville l'a conservée, mais nous ignorons sous quel nom ceux qui l'ont fondée et y ont vécu désignaient le lieu et ses monuments. Ce qui est, en revanche, avéré c'est que, idéalement située sur la carte des voies de communication, Teotihuacan a exercé un rôle leader sur son environnement immédiat et bien au-delà, imposant la puissance de son rayonnement, notamment par le contrôle du commerce, faisant office de modèle culturel et aimantant vers elle des populations d'origines très diverses, qui y avaient leurs « quartiers ». Il semble aussi que les cités-États de la Meseta central aient été étroitement dépendantes des échanges qu'elles entretenaient les unes avec les autres. Ainsi, un peu plus d'un demi-siècle après l'incendie de Teotihuacan, Monte Albán a cessé à son tour d'exister et, après elle, les cités mayas. ■

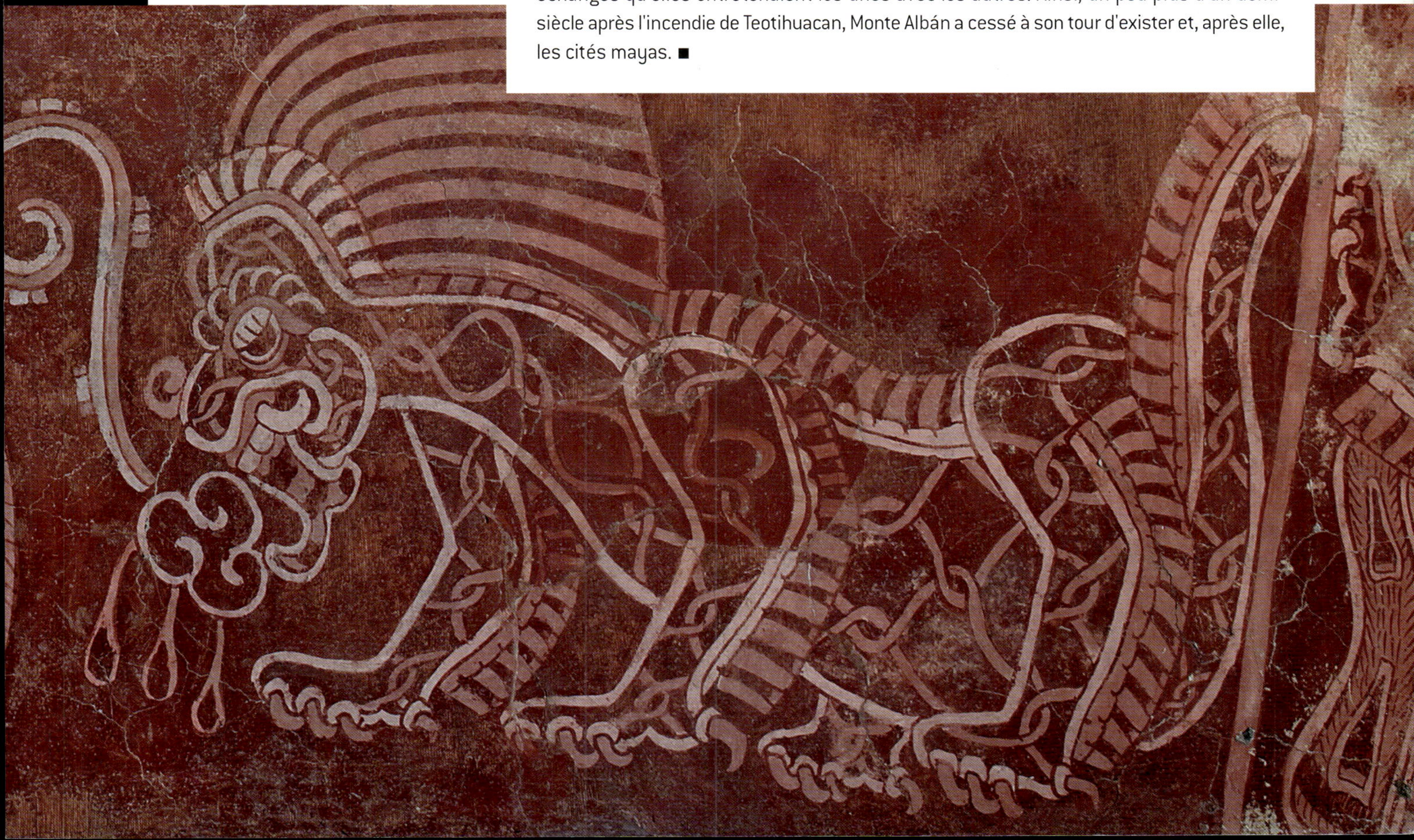

Ci-dessous :
Fresque d'Atetelco
Sur la partie inférieure des murs de cet ensemble d'habitations, deux créatures surnaturelles, un canidé – probablement un coyote – et un jaguar réticulé pourraient représenter deux dynasties.

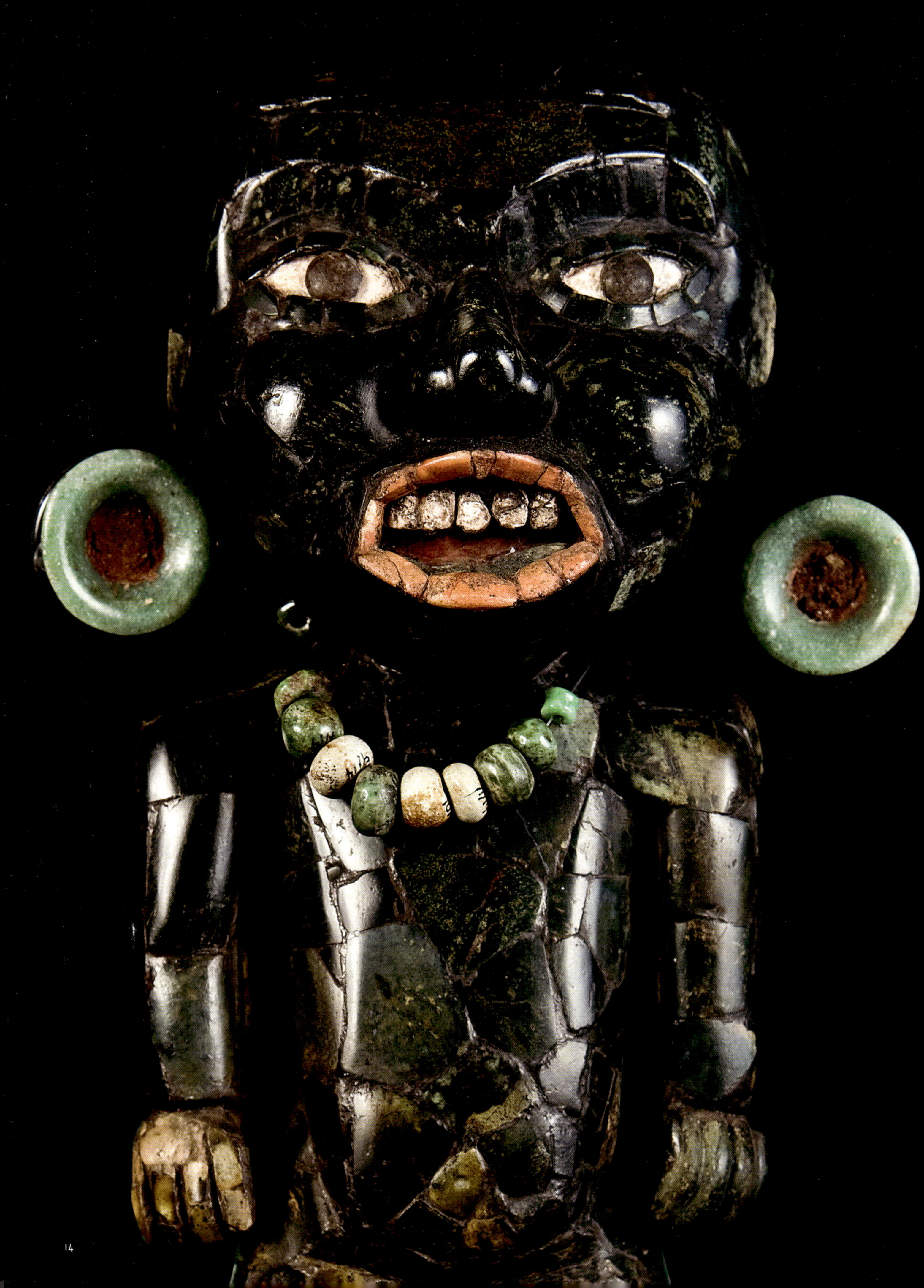

Page de gauche :
Sculpture anthropomorphe
Teotihuacan, pyramide de la Lune, dépôt 6, vers 250 ap. J.-C., détail, serpentine, pierre verte et coquillages, 31 x 15,6 x 7,6 cm, musée du site.

Ci-contre :
Divinité
Teotihuacan, pyramide de la Lune, dépôt 2, vers 250 ap. J.-C., pierre verte et coquillages, 30,6 x 11 x 7,6 cm, musée du site.

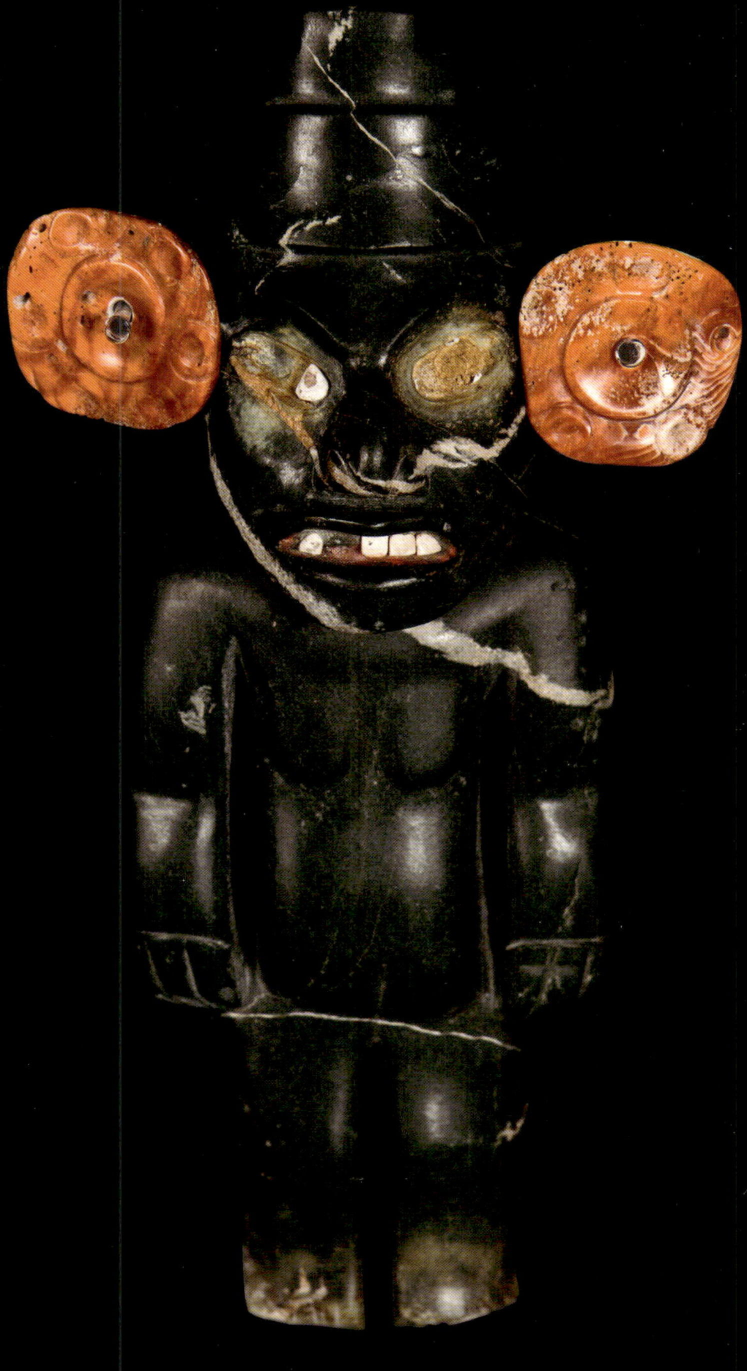

FIGURINES DE LA PYRAMIDE DE LA LUNE

Exécutées entre le milieu et la fin du IIIe siècle, ces deux figurines de pierre ont été retrouvées dans deux dépôts de consécration différents, les n° 6 (à gauche) et n° 2 (ci-dessus), de la pyramide de la Lune, aux côtés de victimes humaines et animales sacrifiées aux dieux lors de chaque agrandissement du bâtiment. D'une facture de grande qualité — la mosaïque de tesselles de serpentine collées sur une âme de bois de la figure de gauche est unique —, toutes deux occupaient le centre d'un dispositif circulaire, sans doute organisé par les prêtres qui orchestraient les cérémonies. La statuette de gauche, initialement debout, était entourée, comme autant de « rayons », de couteaux ondulants et de figures serpentiformes en obsidienne. De nombreuses offrandes l'environnaient : couteaux en forme de prisme, pointes de projectiles en obsidienne, petits vases Tláloc, divers pigments colorés, etc. La symbolique de cette installation relierait cette effigie à la guerre, mais aussi à la pluie et à la fécondité, et il pourrait s'agir d'une idole de fertilité. Peut-on en dire autant de la statuette féminine ci-dessus ? Avec sa coiffure dont la forme l'associe au culte du maïs, elle a été retrouvée sous un grand disque de pyrite, environnée de couteaux et de pointes d'obsidienne, des objets qui participent du vocabulaire de la guerre et du sacrifice.

D. B.

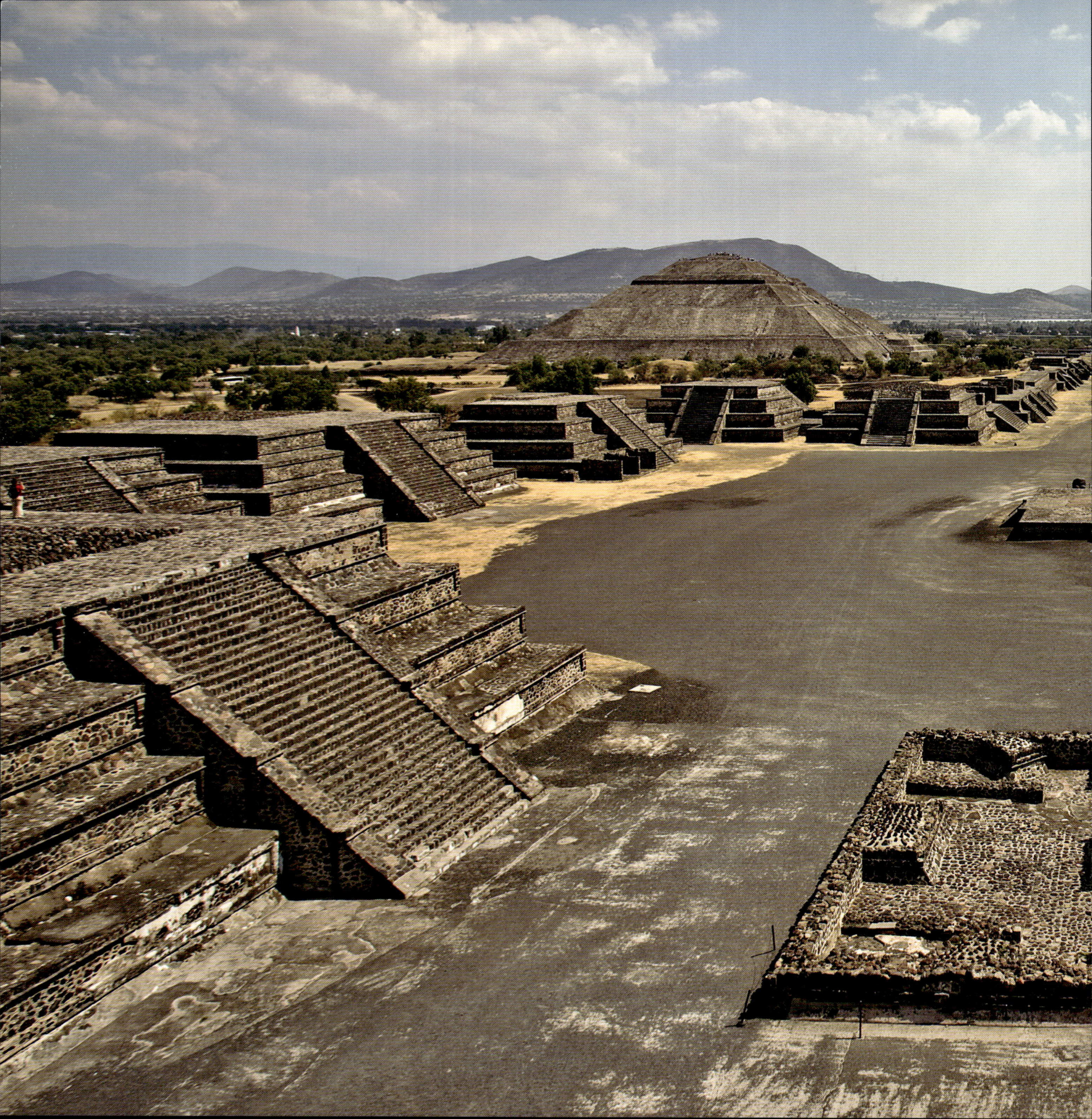

BÂTIR
pour les dieux

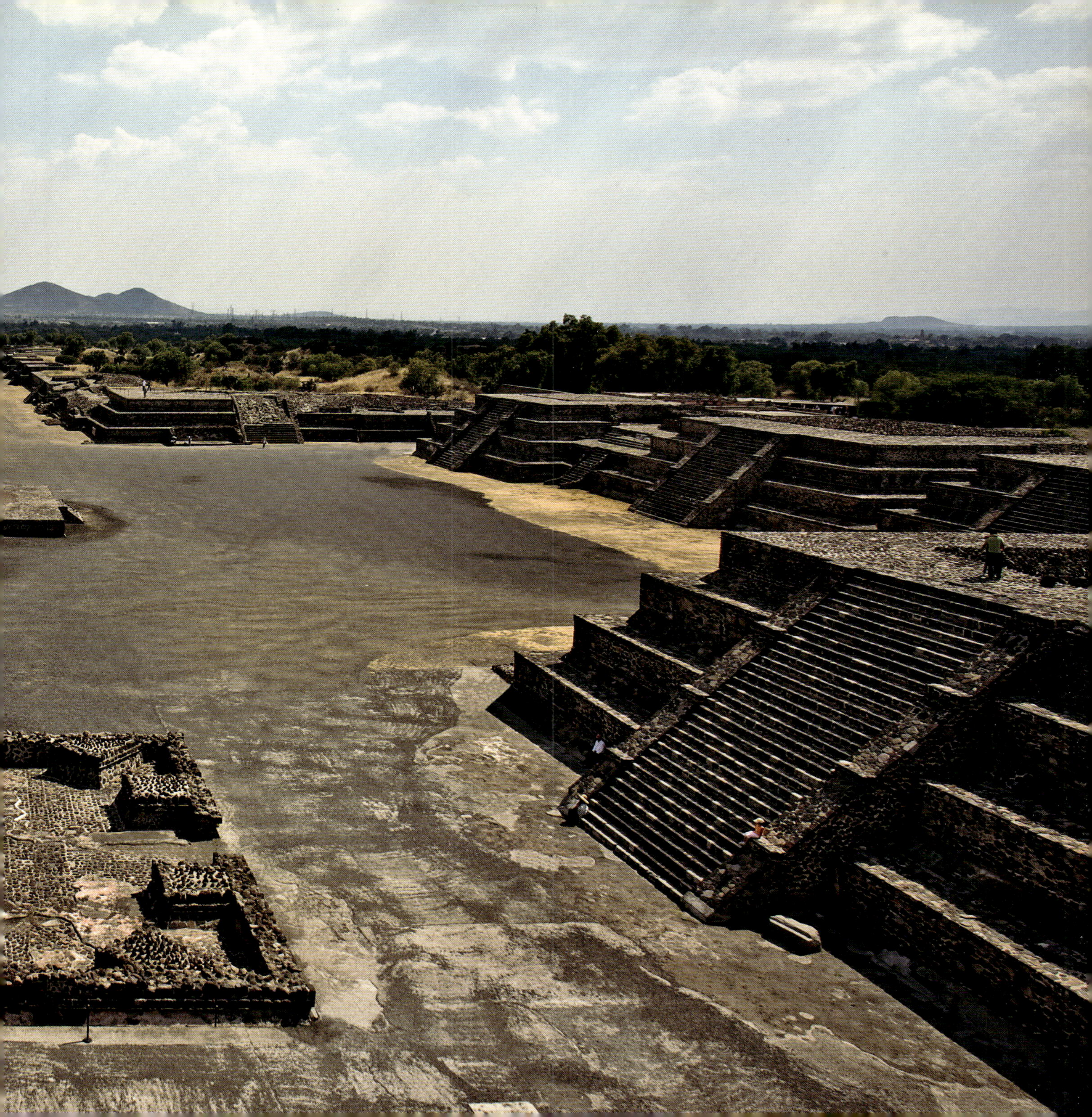

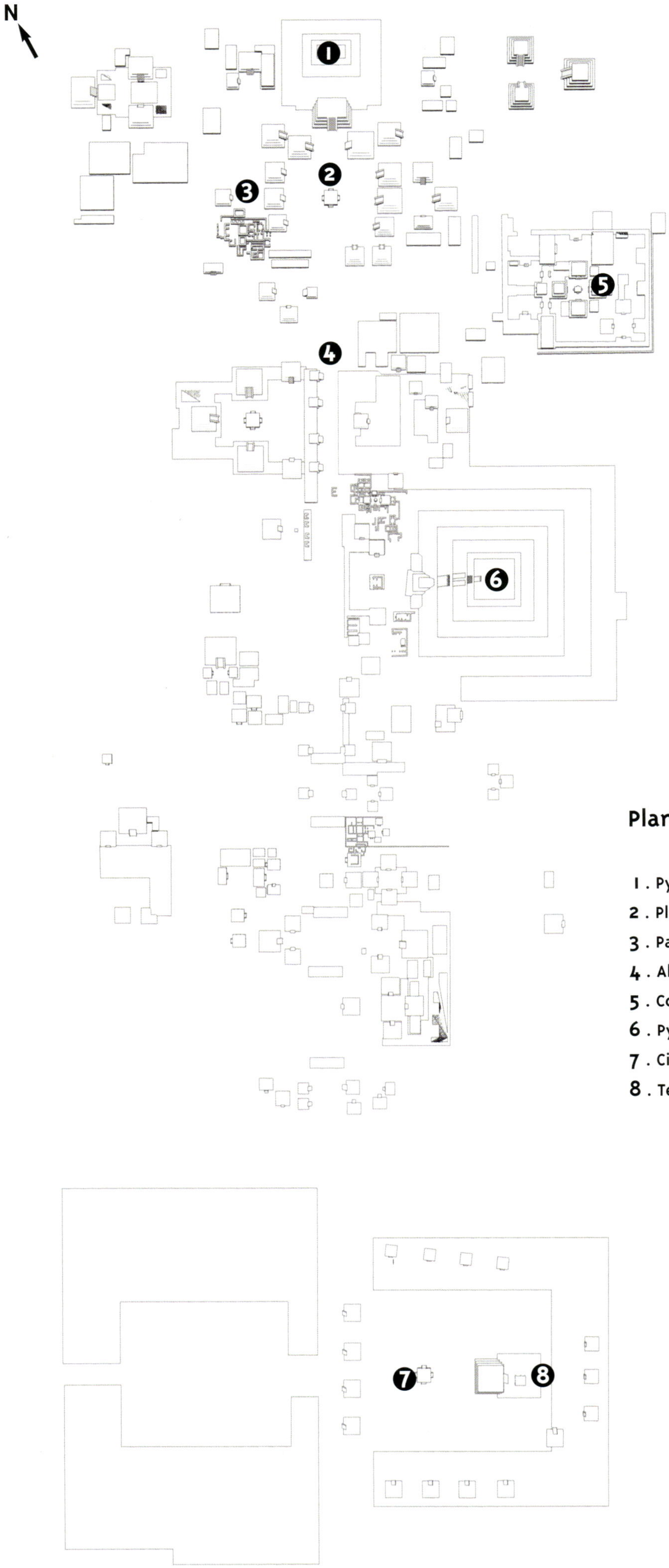

Plan du site

1. Pyramide de la Lune
2. Place de la Lune
3. Palais de Quetzalpapálotl
4. Allée des Morts
5. Complexe Xalla
6. Pyramide du Soleil
7. Citadelle
8. Temple de Quetzalcóalt

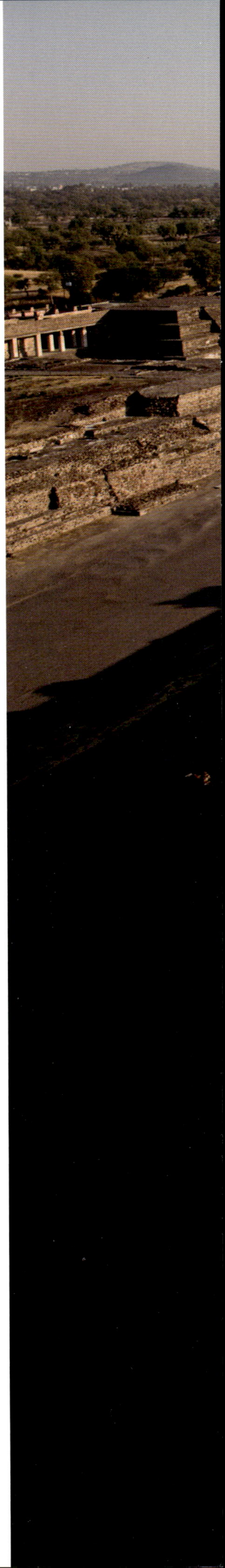

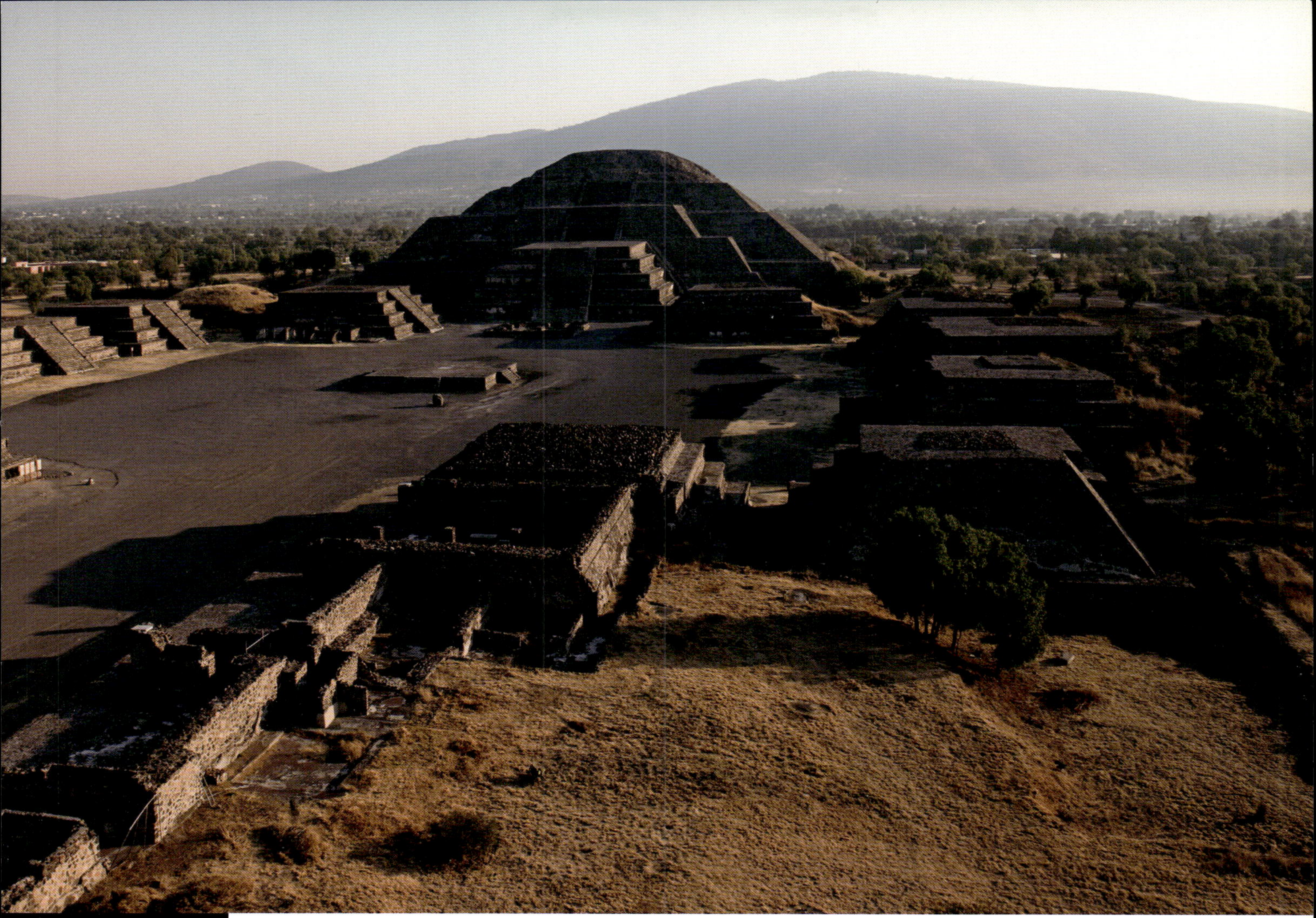

Double page précédente : **Vue générale du site** depuis la pyramide de la Lune. Au premier plan, les énormes plates-formes basses de la place de la Lune. Vers le sud, la perspective de l'allée des Morts. À gauche, côté est, la pyramide du Soleil.

Ci-dessus : **La pyramide de la Lune** et la montagne du Cerro Gordo au nord. Les plates-formes basses réparties autour de la place de la Lune auraient aussi servi à séparer les espaces sacrés des espaces profanes.

Il est peu de sites archéologiques aussi imposants que celui de Teotihuacan. Au nord de la vallée de Mexico, à 2 275 m au-dessus du niveau de la mer, ce lieu réputé pour ses colossales pyramides de la Lune et du Soleil, connaît un développement considérable entre 100 av. J.-C. et les années 550-650 de notre ère. Impressionnés par son étendue, les Aztèques lui donneront, des siècles plus tard, son nom de Teotihuacan, la « Cité des Dieux ». Teotihuacan inaugure ce qu'on appelle la période « classique », caractérisée dans toute l'aire mésoaméricaine par la consolidation du pouvoir politique de cités-États, par le rayonnement d'une élite de scribes et de savants, par le développement de nouvelles formes artistiques et l'extension de vastes réseaux marchands. Sa situation géographique, au centre d'une plaine irriguée, explique en partie sa prospérité. On sait aujourd'hui que le plan urbain avait une superficie d'environ vingt kilomètres carrés – plus de quatre-vingt dix pour cent sont encore enfouis sous terre –, où vécurent cent cinquante mille habitants. On sait également que, vers l'an 650, la ville fut abandonnée, pillée et brûlée par des tribus barbares venues du nord.

Elle subsistera pourtant comme la capitale mythique des peuples du Mexique. Les Toltèques, au XIe siècle, puis les Aztèques, au XIVe, la réinvestiront pour en faire à nouveau un grand centre religieux et culturel. Dès le XVIe siècle, les chroniqueurs espagnols, comme Bernardino de Sahagún, mentionnent Teotihuacan et font état de l'existence d'édifices en ruine d'une très grande hauteur à proximité du village chrétien de San Juan. En 1675, le Mexicain Carlos de Sigüenza y Gongora entreprit la première fouille archéologique dont nous ayons connaissance. Mais il faudra attendre le XIXe siècle pour que l'on prenne conscience de la richesse et de la diversité de cette cité. 1864 inaugure les campagnes initiales. De 1920 datent les fouilles scientifiques du temple de Quetzalcóatl puis, en 1962, celles du palais de Quetzalpapálotl et, en 1971 et 1988, celles des substructures des pyramides du Soleil et de la Lune. En 1987, le site est inscrit au Patrimoine mondial de l'Unesco.

Le génie des bâtisseurs

Avec Teotihuacan, on assiste à l'éclosion d'un urbanisme original où le centre politico-religieux obéit à une planification inventive. La construction de l'ensemble se dessine à partir d'un axe central, l'allée des Morts, dont la perspective, longue de quatre kilomètres et de quatre-vingt-dix mètres de large dans sa partie centrale, naît au pied de la pyramide de la Lune. Le carrefour qu'elle forme avec l'axe est-ouest indique le centre de la ville. Au sud, se trouve le quadrilatère de la Citadelle et son temple consacré à Quetzalcóatl, le Serpent à plumes. À mi-chemin, se trouve la pyramide du Soleil. De part et d'autre de l'allée des Morts, de nombreux temples et autels sont dédiés aux dieux secondaires. Si le plan de base se fonde sur un tracé orthogonal, la cité ne s'inscrit pourtant pas dans une combinaison faite de carrés et de rectangles juxtaposés. Elle adopte le principe innovant d'une croissance continue à partir de ramifications successives.

Les murs des édifices sont composés d'un mélange de blocs de pierre volcanique et de terre, matériau relativement économique, mais dont la cohésion est insuffisante pour l'érection de murs dépassant une certaine hauteur. C'est là qu'intervient le génie des bâtisseurs de Teotihuacan avec la mise au point du *talud-tablero :* combinaison d'une base inclinée selon un angle d'environ 45° (le *talud*) avec un panneau (le *tablero*) qui la surmonte.

Ci-dessous :
La pyramide de la Lune et son escalier central, face à l'allée des Morts.

Page de droite :
Le système constructif du talud-tablero (court talus incliné surmonté d'un panneau encadré de deux corniches en saillie), qui se retrouve sur la plupart des édifices publics de Teotihuacan, donne à la cité uniformité et horizontalité.

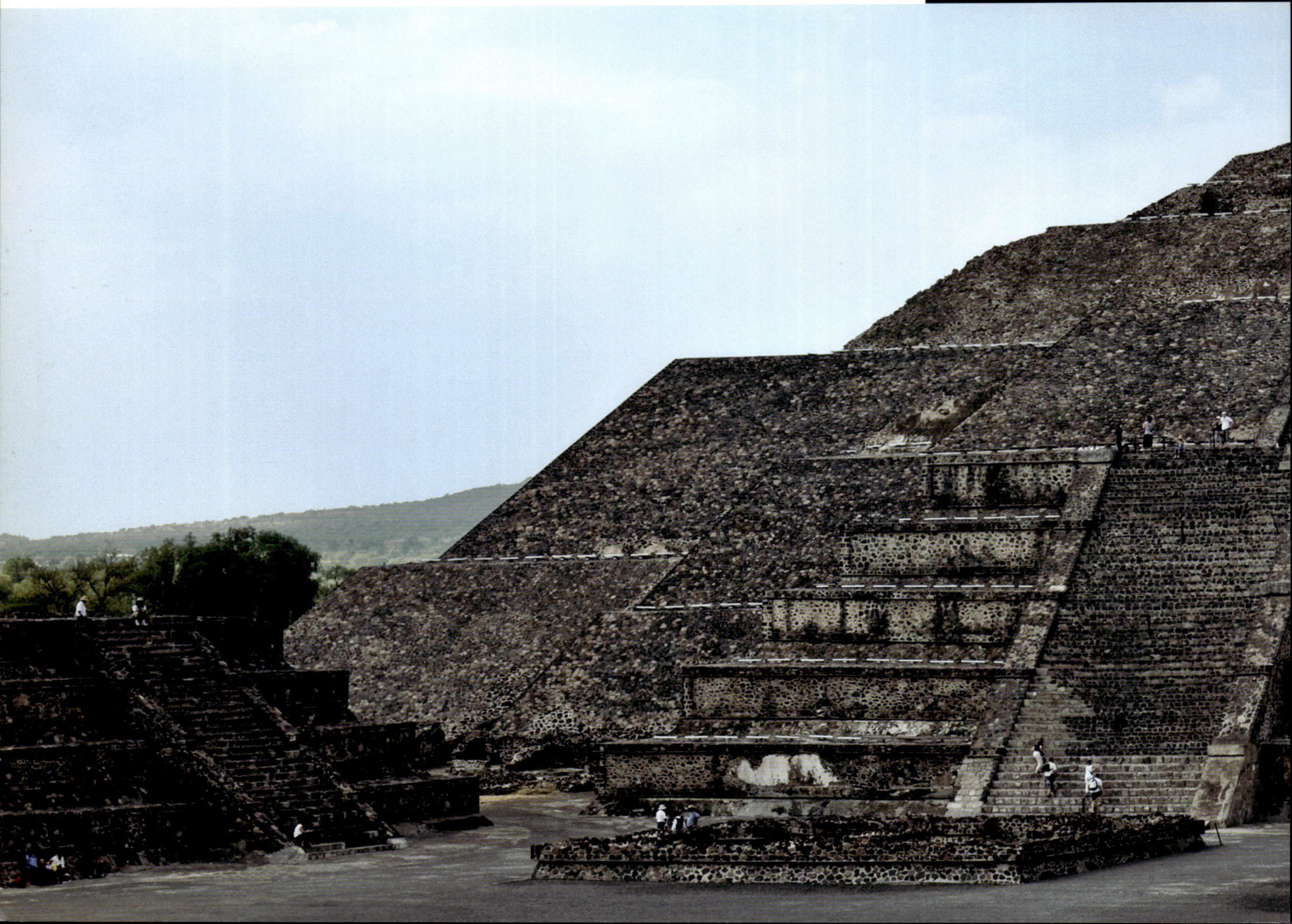

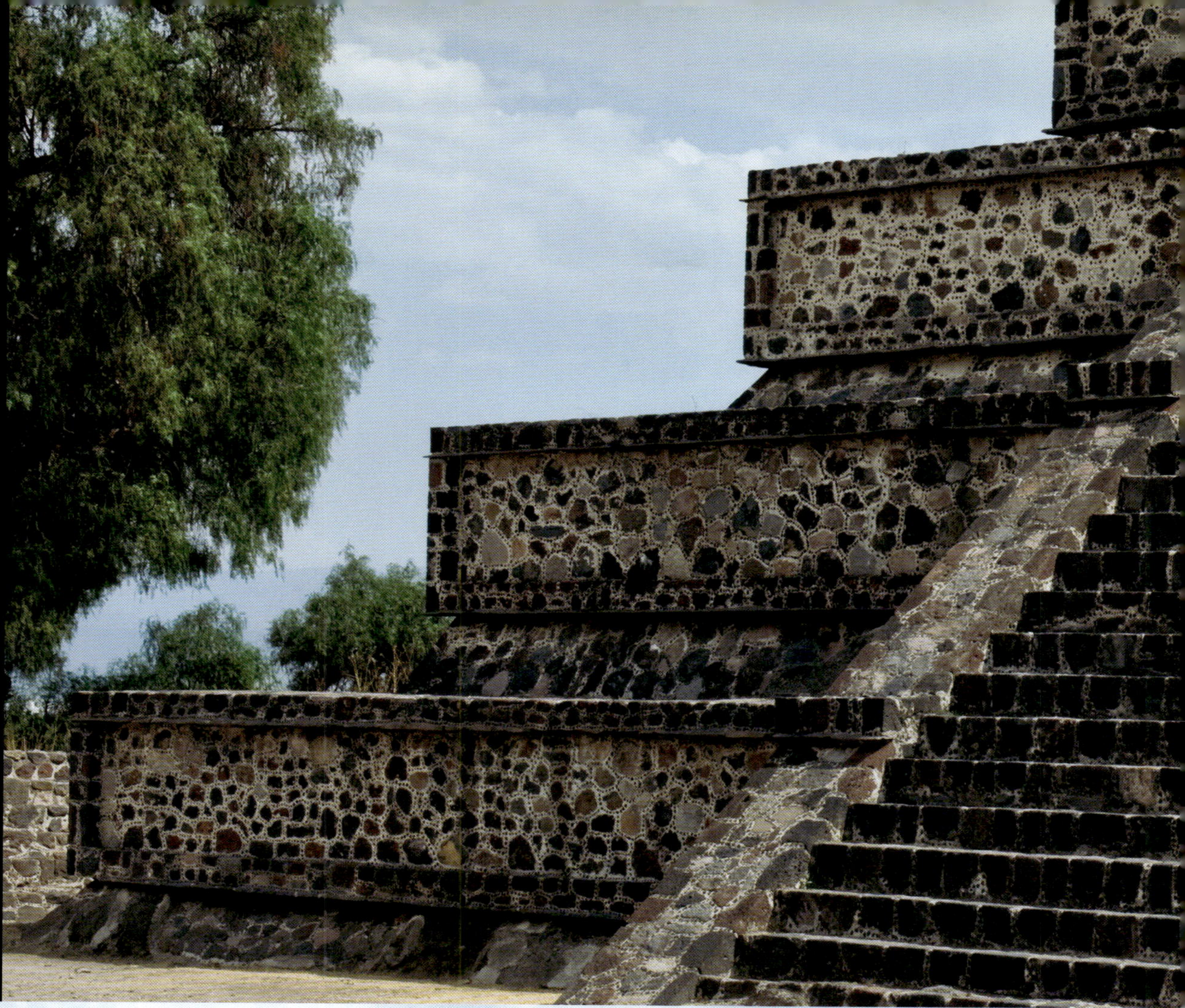

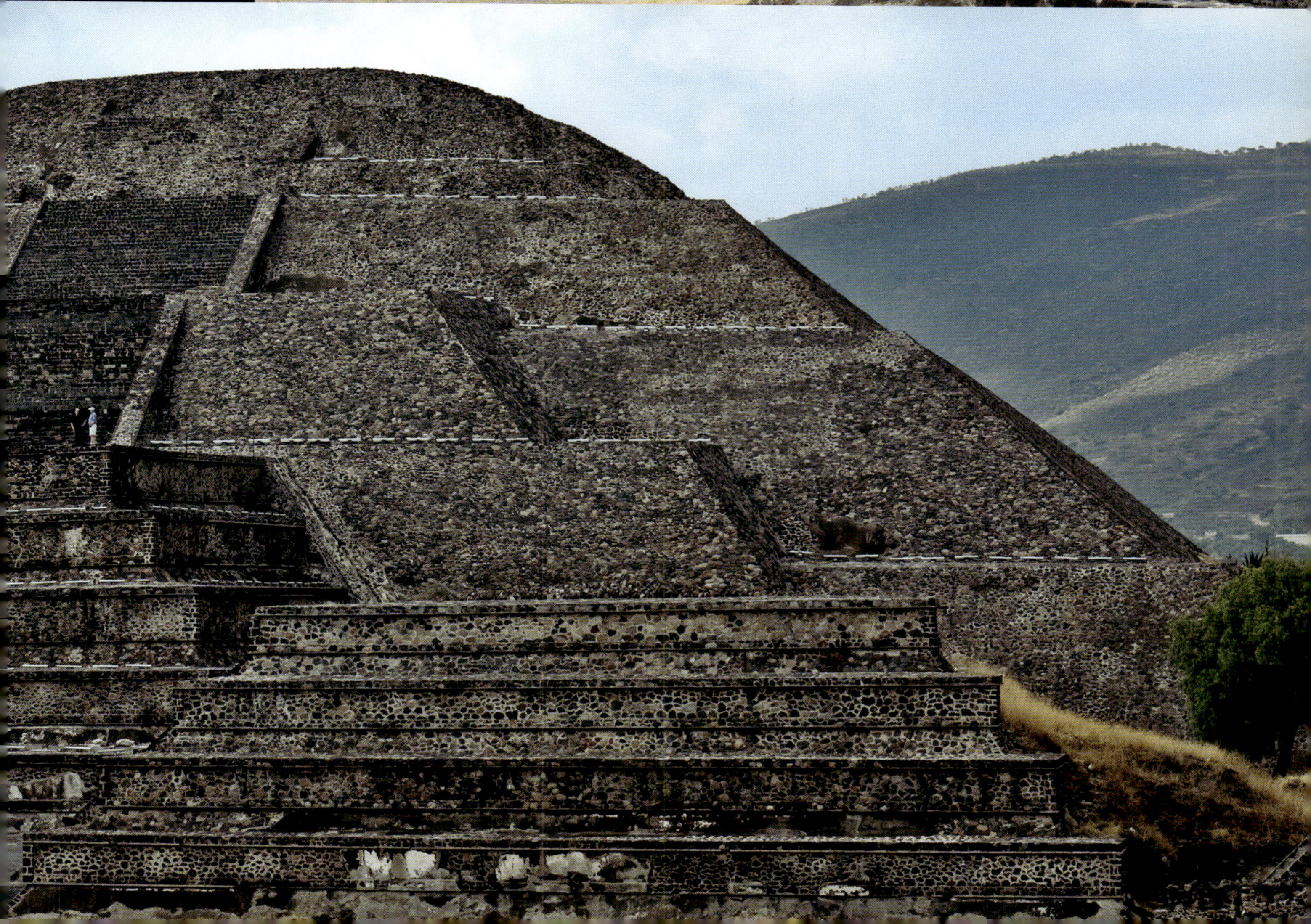

Ce *talud-tablero*, sans cesse répété et juxtaposé en gradins, se combine en un jeu complexe pour former l'architecture de Teotihuacan, lequel sera repris dans toute l'aire du Mexique central et même par le monde maya, jusqu'à Tikal.

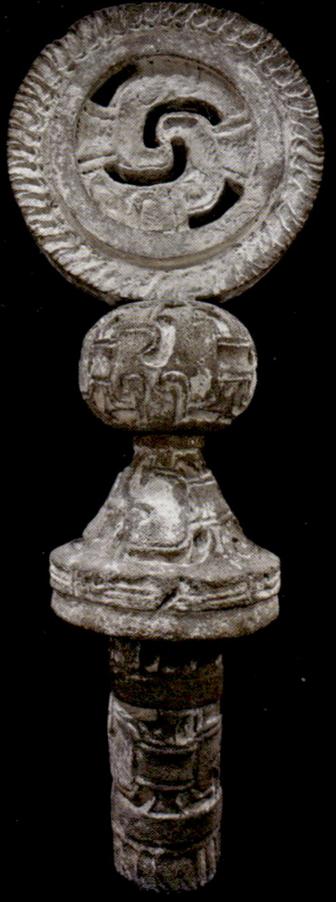

Les pyramides de la Lune et du Soleil

Le premier centre cérémoniel, construit entre 100 et 400 ap. J.-C., est constitué par la pyramide de la Lune (cent cinquante par cent quarante mètres pour une hauteur de quarante-deux mètres). Elle est précédée d'un escalier qui franchit l'avant-corps et la gravit jusqu'à son sommet. Devant la pyramide s'étend la place de la Lune où s'élèvent douze plates-formes à quatre corps. Les fouilles réalisées entre 1998 et 2004 sur la pyramide ont permis de découvrir sept édifices superposés auxquels on a pu associer cinq dépôts funéraires, offrandes d'un intérêt majeur. On y a trouvé les squelettes d'individus enterrés, ligotés et bâillonnés, probablement des prisonniers de guerre : dix-huit personnes décapitées, dont seuls les crânes ont été déposés, et trois squelettes de sexe masculin, chacun d'eux face à un squelette d'animal – un aigle et deux pumas –, en connexion anatomique, que l'on interprète comme autant d'alter ego *(nahual)*. Il s'agit là, probablement, de personnages de haut rang. S'y ajoute la tombe d'un homme âgé d'environ quarante-cinq ans, les bras et les mains joints dans le dos, doté d'une riche parure composée d'ornements d'oreilles et de perles de jade, indice d'un rang social élevé. Divers ossements d'animaux et de nombreux objets en matériaux variés : céramique, obsidienne, coquillage, bois et pierres semi-précieuses, constituaient l'abondant mobilier funéraire qui l'accompagnait.

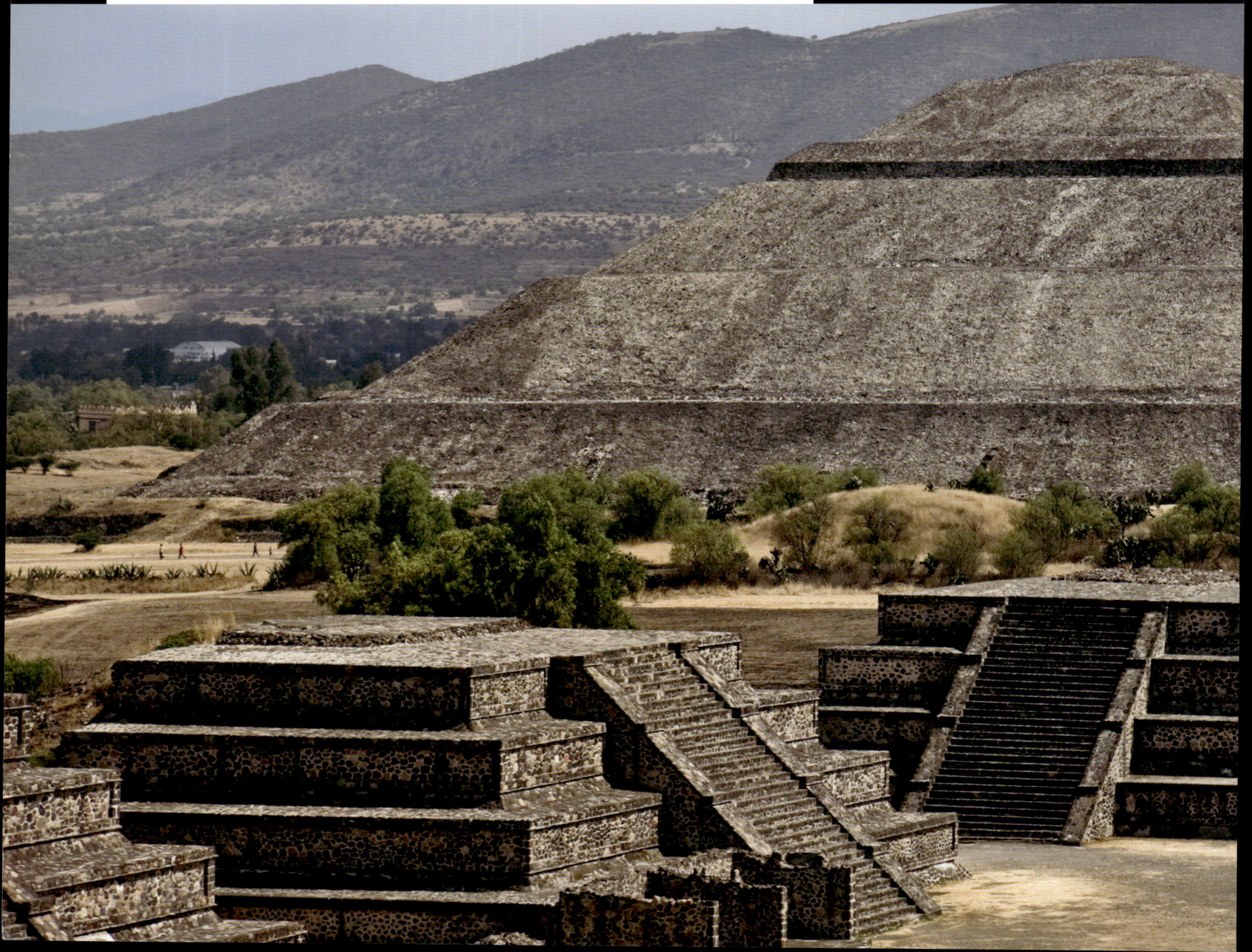

À gauche :
Stèle de La Ventilla
Cette pièce, composée de quatre parties s'assemblant entre elles par un système de tenons et mortaises, est considérée comme un marqueur de jeu de balle.
Teotihuacan, La Ventilla, 250-350 ap. J.-C., pierre et stuc, 215 x 77 x 55 cm.

Ci-dessous :
La pyramide du Soleil avec, au premier plan, les plates-formes de la place de la Lune.

Double page suivante :
La pyramide du Soleil face sud, vue depuis la Citadelle.

Édifiée en 225 ap. J.-C., sur un axe est-ouest, suivant la course du soleil, la pyramide du Soleil, plus grande que la pyramide de la Lune, atteint deux cent quinze mètres de côté et culmine à près de soixante-trois mètres de hauteur. La restauration menée entre 1905 et 1910 l'a dotée de cinq plateformes – on sait aujourd'hui qu'elle n'en avait que quatre à l'origine... – auxquelles on accède par un escalier tantôt simple, tantôt double. En 1972, ont été découverts un puits souterrain de sept mètres et un tunnel de cent trois mètres donnant accès à une grotte naturelle façonnée en forme de fleur à quatre pétales, à l'aplomb exact du sommet de la pyramide.

La Citadelle et le temple du Serpent à plumes

La Citadelle est une enceinte carrée de quatre cents mètres de côté, constituée de quatre énormes plates-formes délimitant ses côtés. Ce complexe architectural de cent soixante mille mètres carrés se trouve au cœur de la cité. L'ensemble est orienté est-ouest. Les côtés nord et sud sont surmontés de quatre pyramides semblables à celles qui bordent l'allée des Morts. Au centre de la cour s'élève une petite plate-forme à un niveau à laquelle mènent quatre escaliers. Cette enceinte, qui comportait deux zones d'habitat de cinq mille mètres carrés, probablement destinées aux prêtres, était peut-être un ancien palais des souverains de la cité. Au centre du dispositif, se détache le temple du Serpent à plumes, construit vers 200 de notre ère, sur le côté est de la Citadelle, recouvert plus tard par une pyramide simple. La construction, de soixante-cinq mètres de côté, est composée de six degrés et d'un escalier en façade recouvert par un avant-corps. Les têtes stylisées du Serpent à plumes

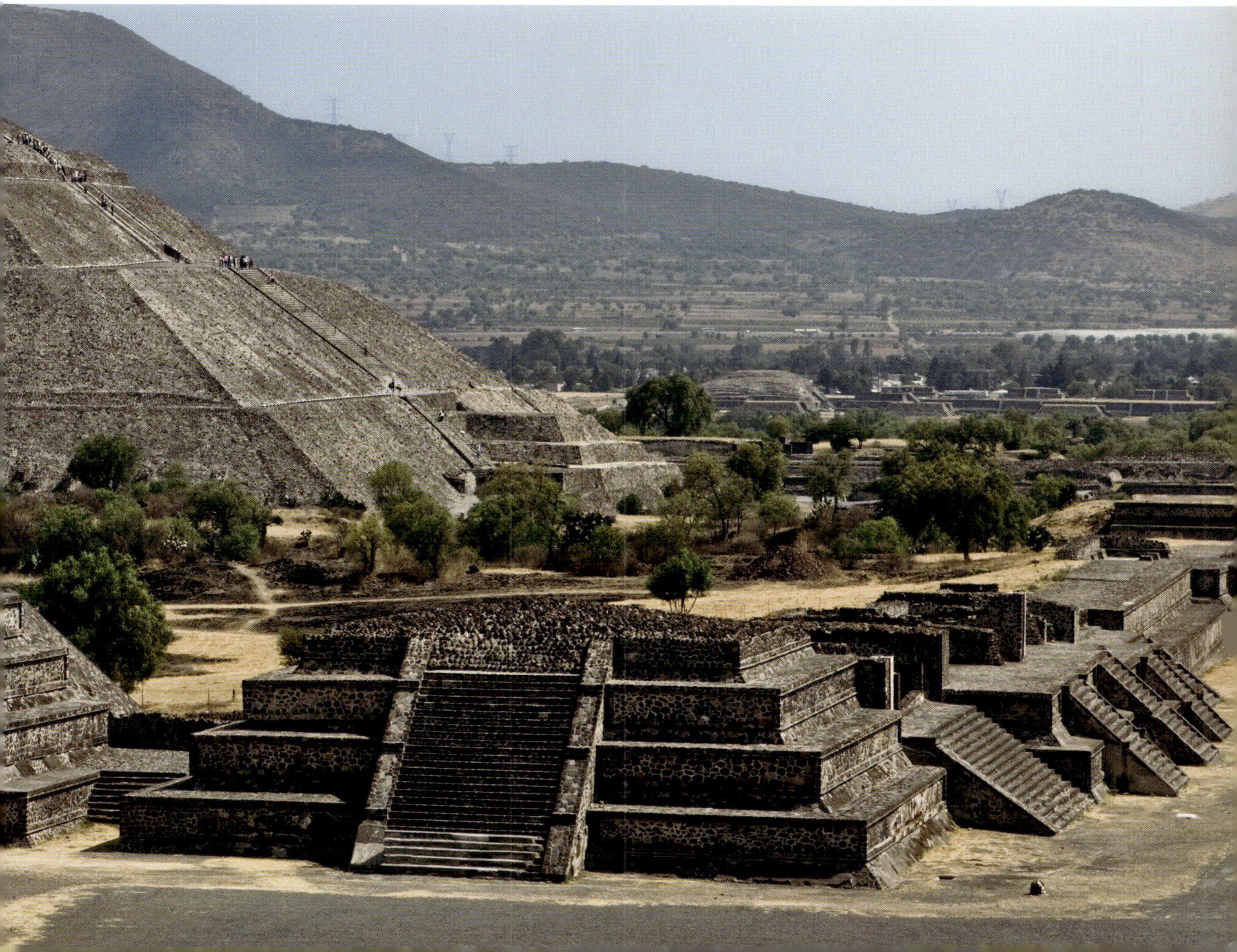

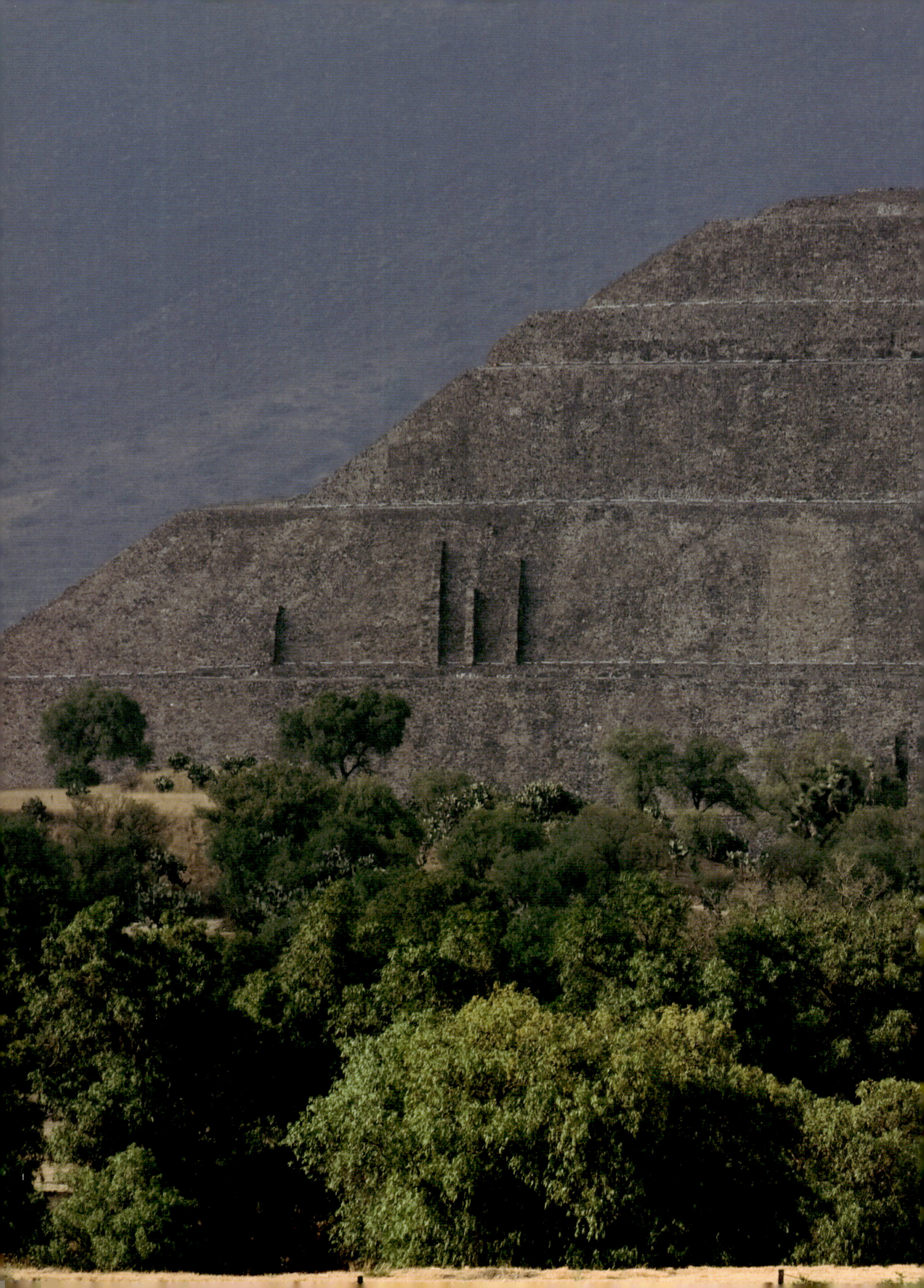

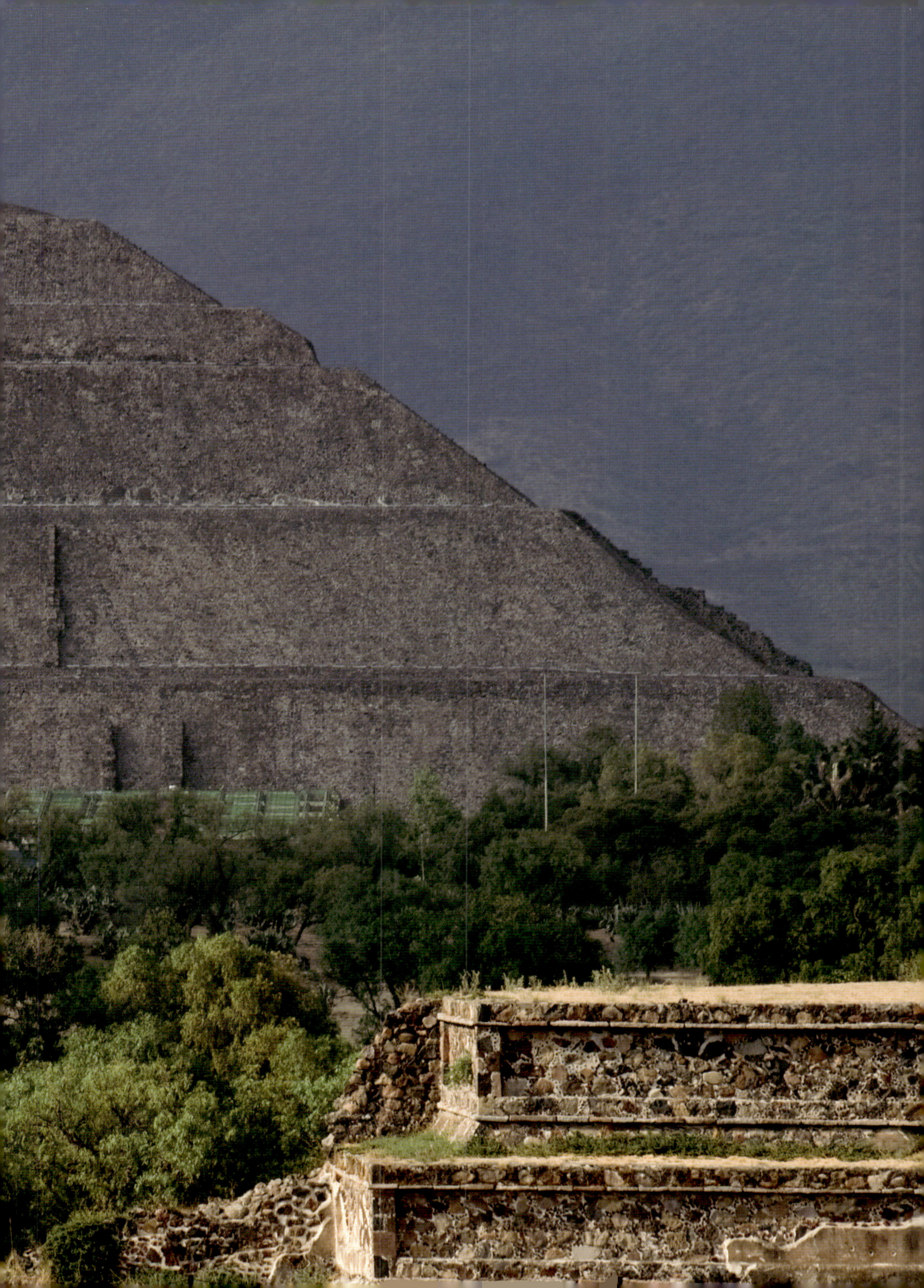

Ci-dessous :
La Citadelle et le temple de Quetzalcóatl (le Serpent à plumes), au sud-est de l'allée des Morts.

Page de droite :
Un masque de Tláloc du temple de Quetzalcóatl ; construit vers 150 ap. J.-C., cet édifice constitue, à Teotihuacan, le seul exemple de sculpture intégrée à l'architecture.

émergeant d'une couronne de plumes évoquant le soleil y alternent avec des masques de Tláloc au traitement géométrique et qui évoquent la pluie. Ces figures en saillie le long des panneaux à encadrement, à chacun des six niveaux de la pyramide, sont au nombre de trois cent soixante-six, en y incluant les serpents à plumes rythmant les échiffres de l'escalier axial. Elles représentent le nombre de jours de l'année solaire, compte tenu du jour additionnel correspondant à la correction lors des années bissextiles. L'architecture de Teotihuacan n'obéit donc pas seulement à des préoccupations esthétiques, mais correspond à une expression symbolique de la cosmologie et du calendrier. Lors des dernières fouilles, réalisées en 1996 par Matos Moctezuma, les archéologues ont découvert les restes de plusieurs individus de sexe masculin qui portaient des parures très élaborées, inhumés à l'occasion de la consécration de l'édifice, témoignage des rites complexes que les populations célébraient en l'honneur de leurs dieux.

Il faut imaginer cette cité au temps de sa splendeur, décorée de magnifiques reliefs et de somptueuses peintures murales. En effet, l'ensemble des pyramides et des plates-formes était entièrement recouvert d'un parement de plâtre ou de stuc polychromé, destiné à cacher la pierre volcanique noirâtre dont sont faits les murs. ■

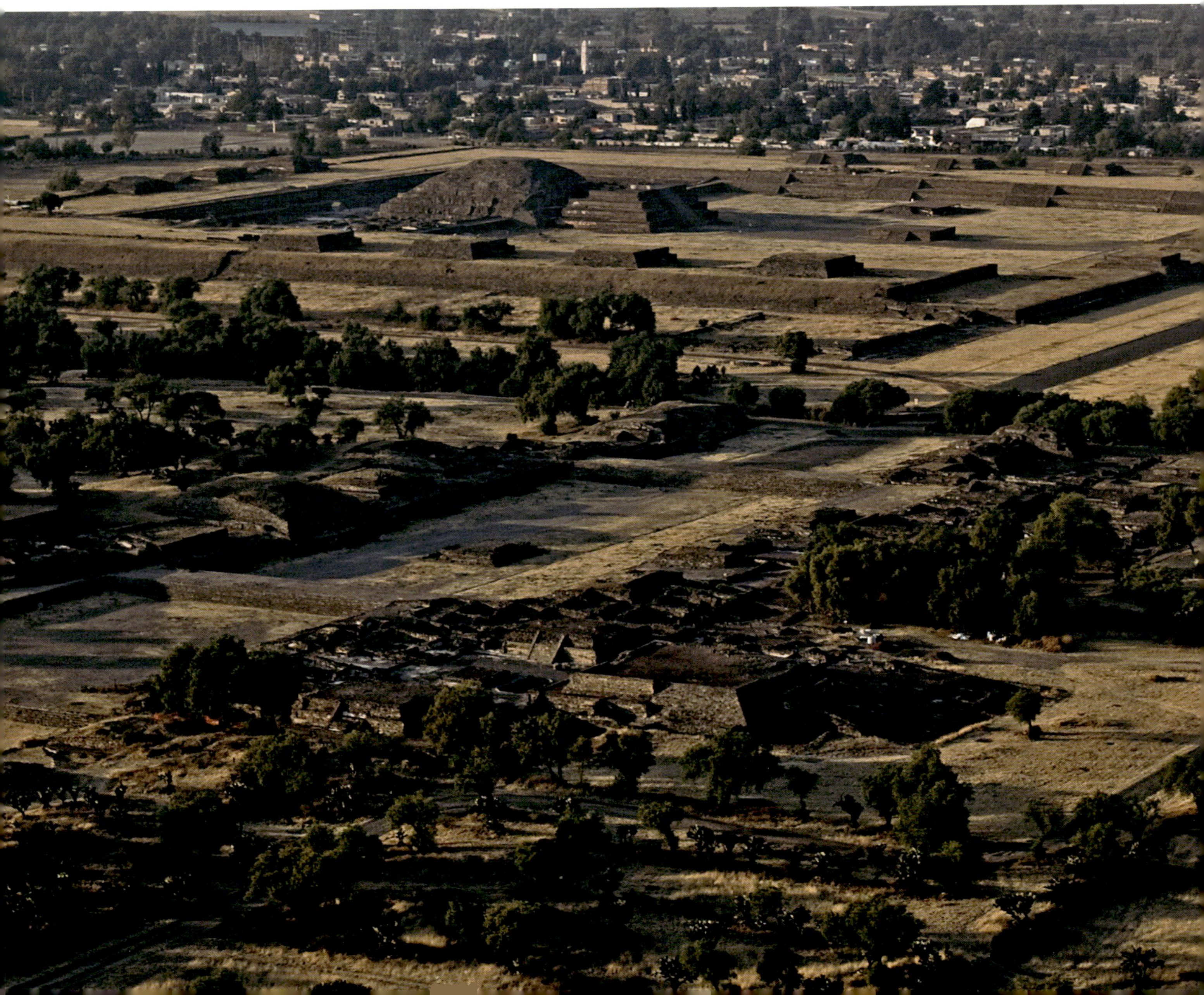

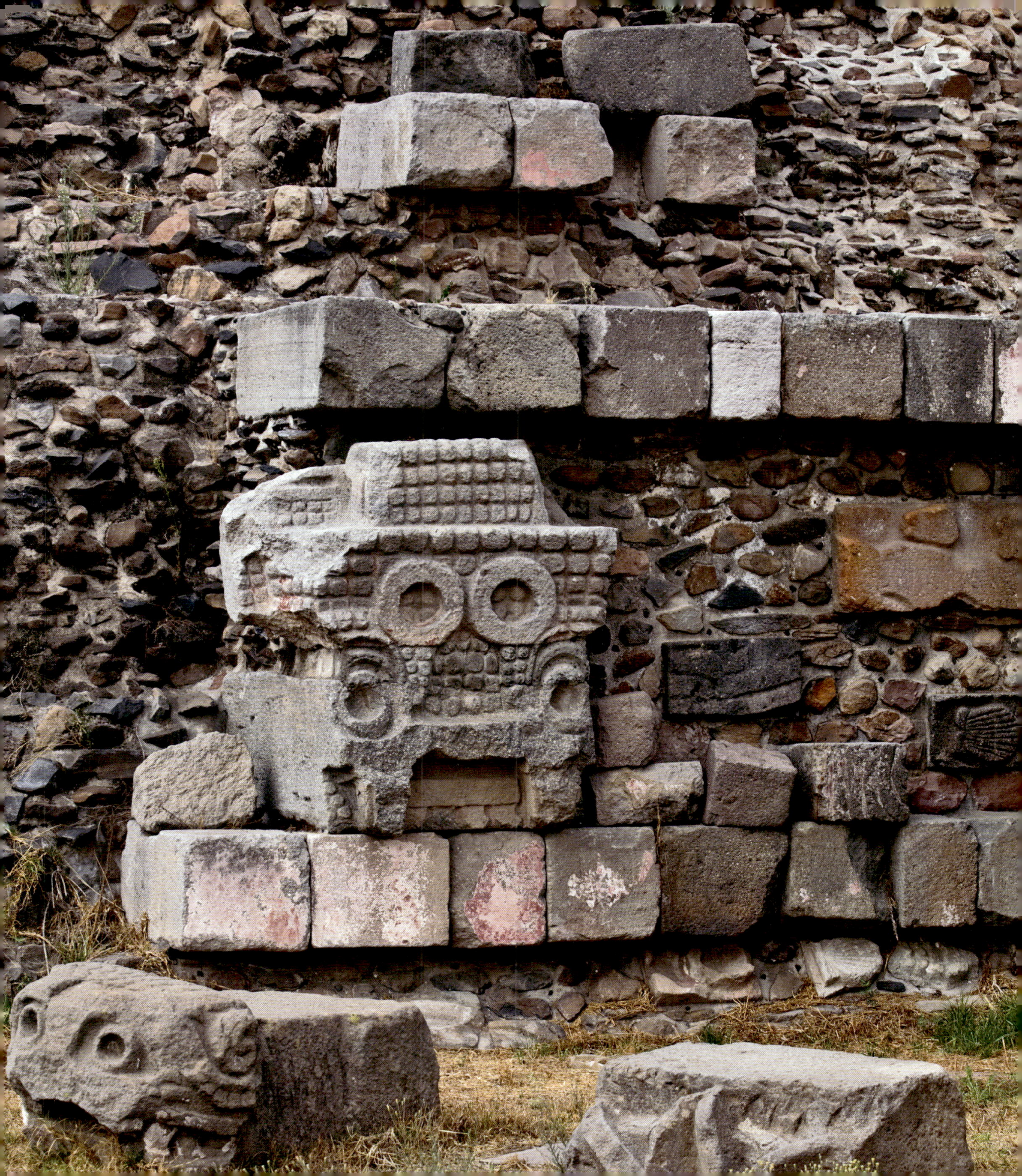

Ci-contre :
Le Serpent à plumes vu de face, avec sa collerette de plumes

Dessous :
Les échiffres de l'escalier central sont ponctués de têtes de serpents.

Page de droite :
Les panneaux sculptés des différents niveaux de la pyramide alternent les effigies de Tláloc et du Serpent à plumes, ainsi que des coquillages.

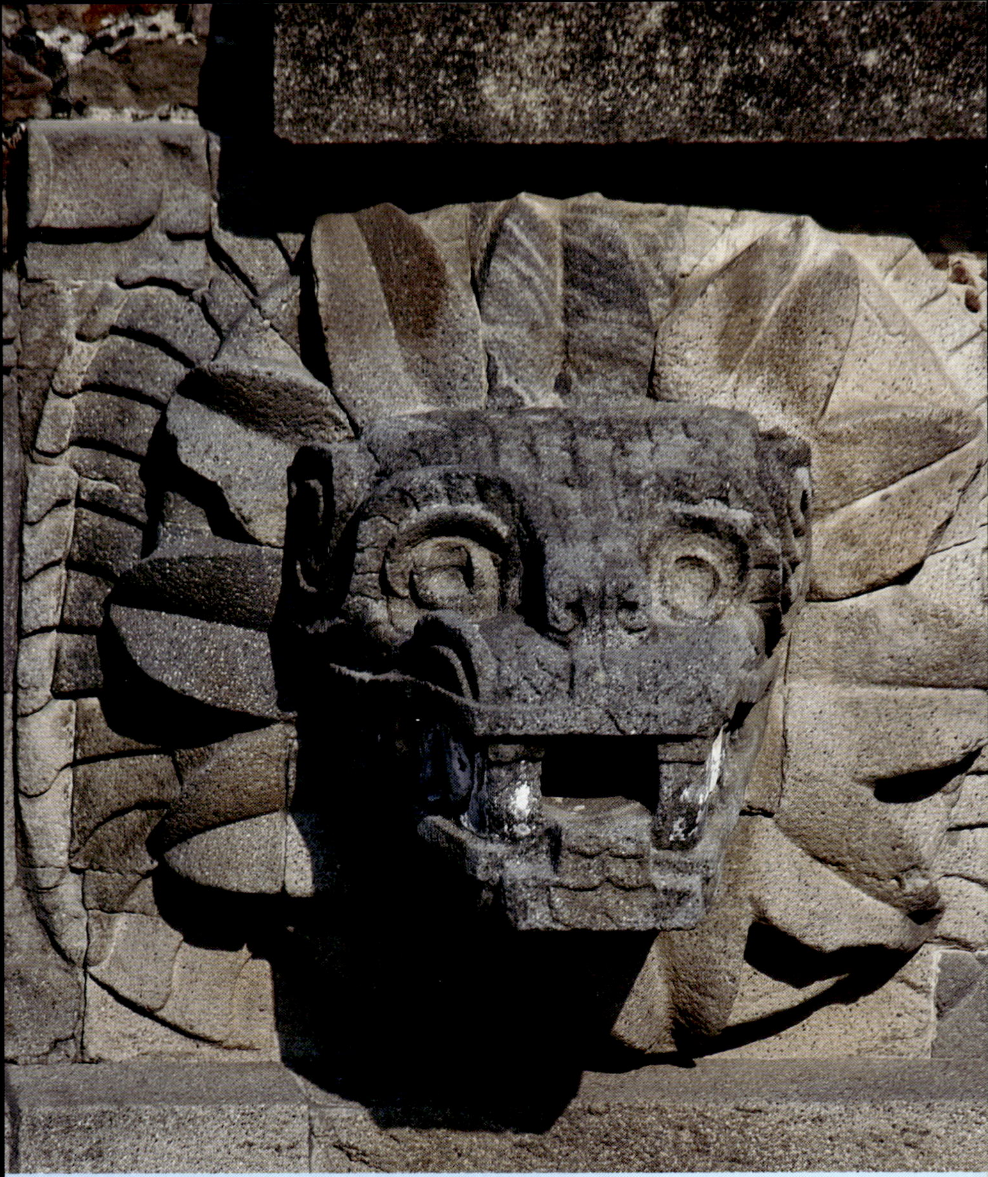

LE TEMPLE DE QUETZALCÓATL

Comme le quartier de la Citadelle dont il occupe le centre, le temple de Quetzalcóatl pourrait avoir entretenu une étroite relation avec le calcul du temps. Plusieurs éléments du programme iconographique qui court sur ses quatre côtés le font penser. Le décompte des têtes en haut relief représentant Quetzalcóatl et Tláloc (ou un dieu crocodile), qui alternent sur cinq niveaux au bas de l'édifice, est de trois cent soixante-six. De plus, la présence de coquillages marins autour du corps du serpent n'évoque sans doute pas seulement l'eau et la fertilité, la guerre et le sacrifice, selon la double symbolique qui leur est associée. Chez les Mayas, la conque était liée à la mesure du temps, employée pour signifier le début ou la fin d'une période. Il est possible qu'il en ait été de même à Teotihuacan. D. B.

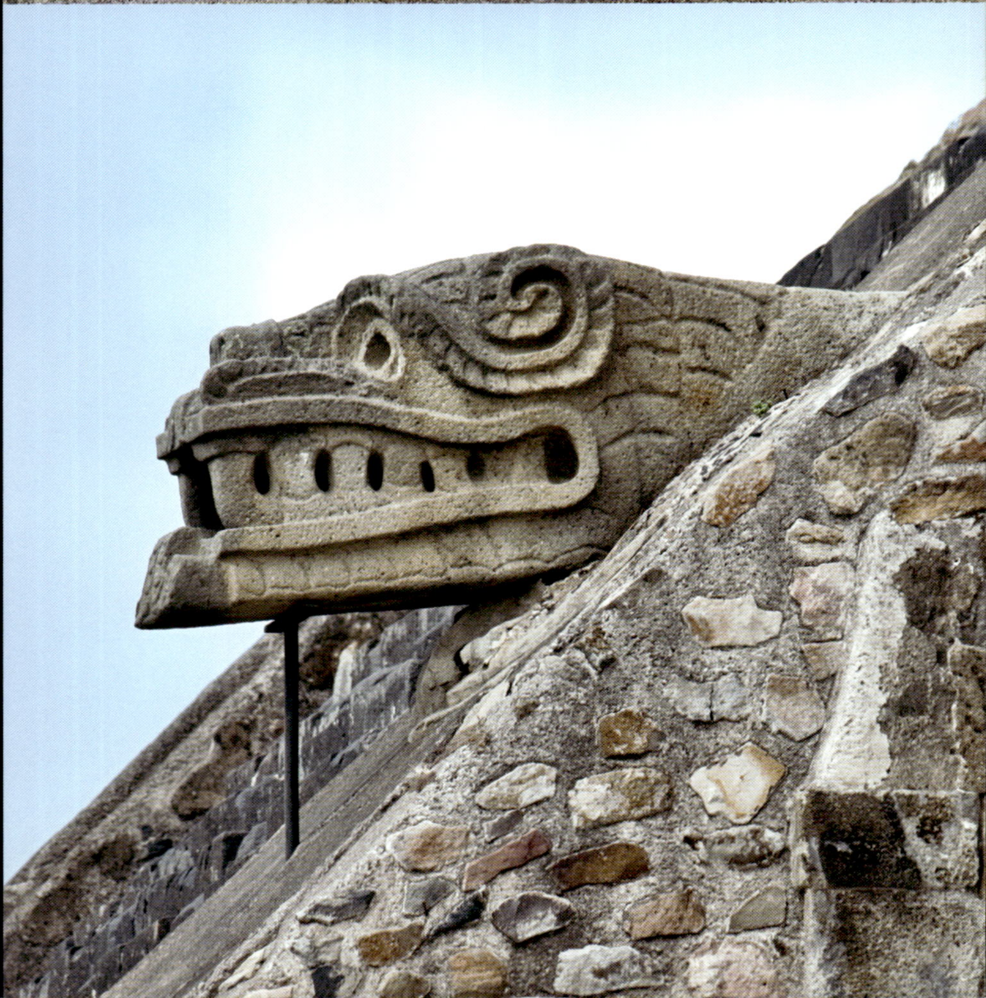

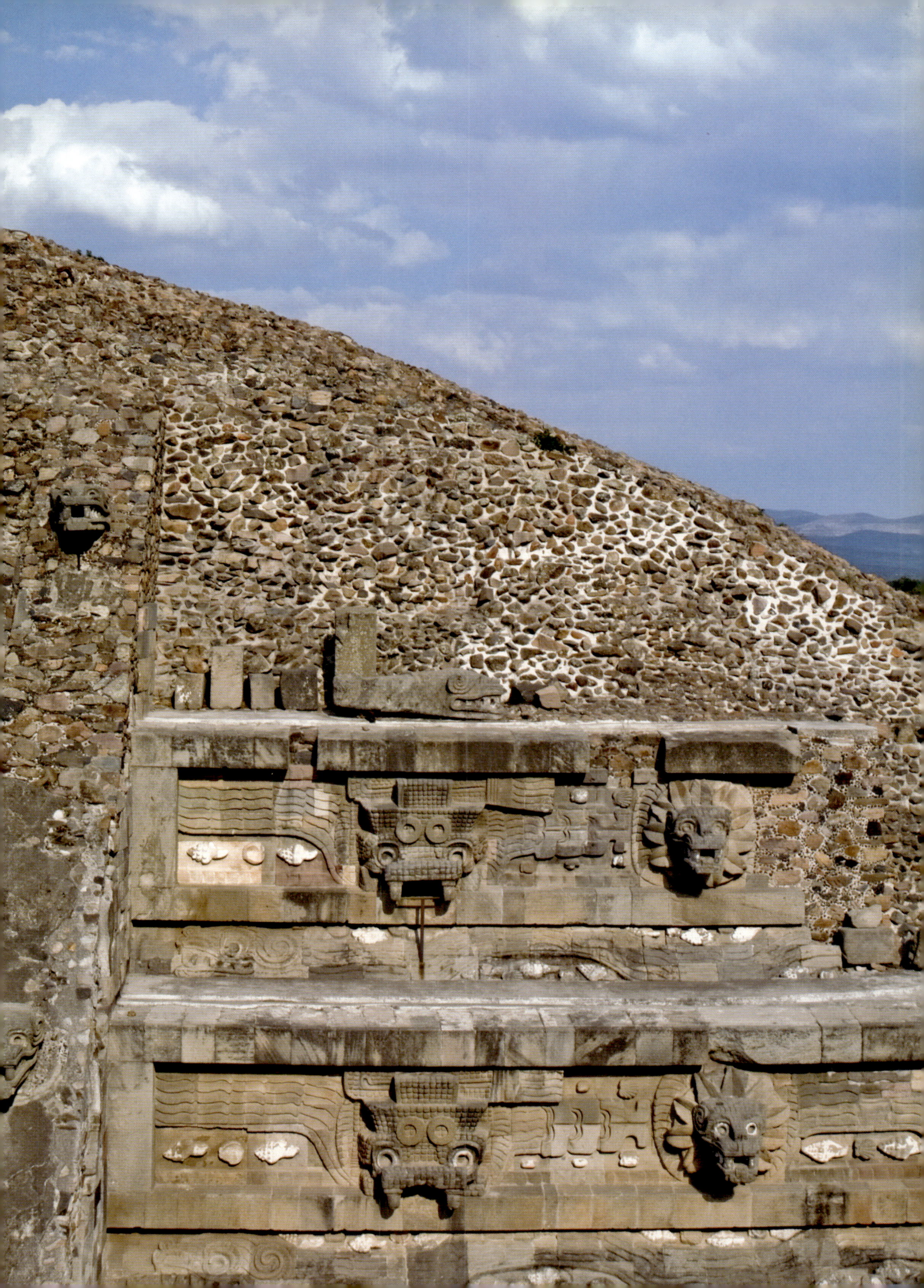

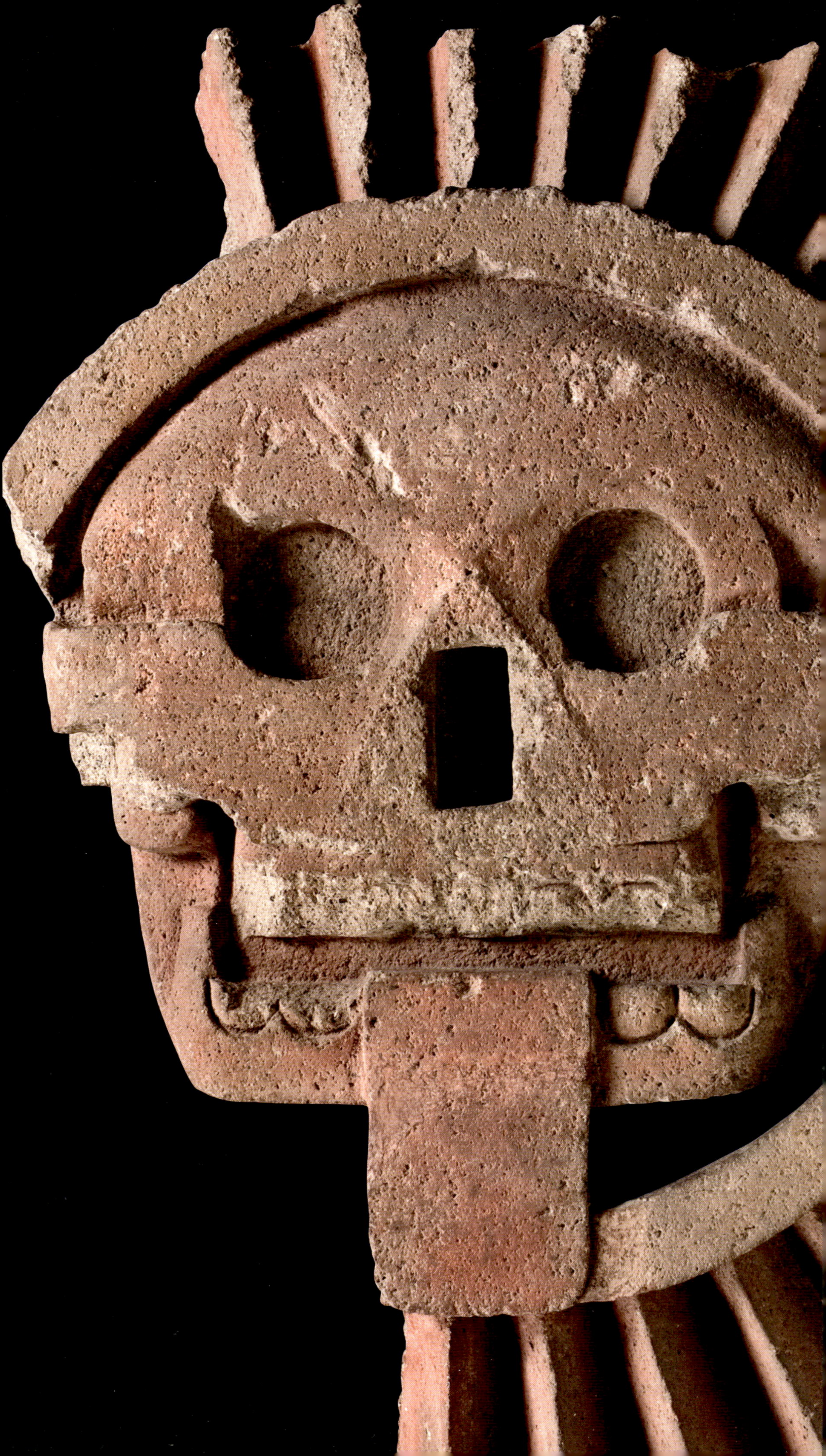

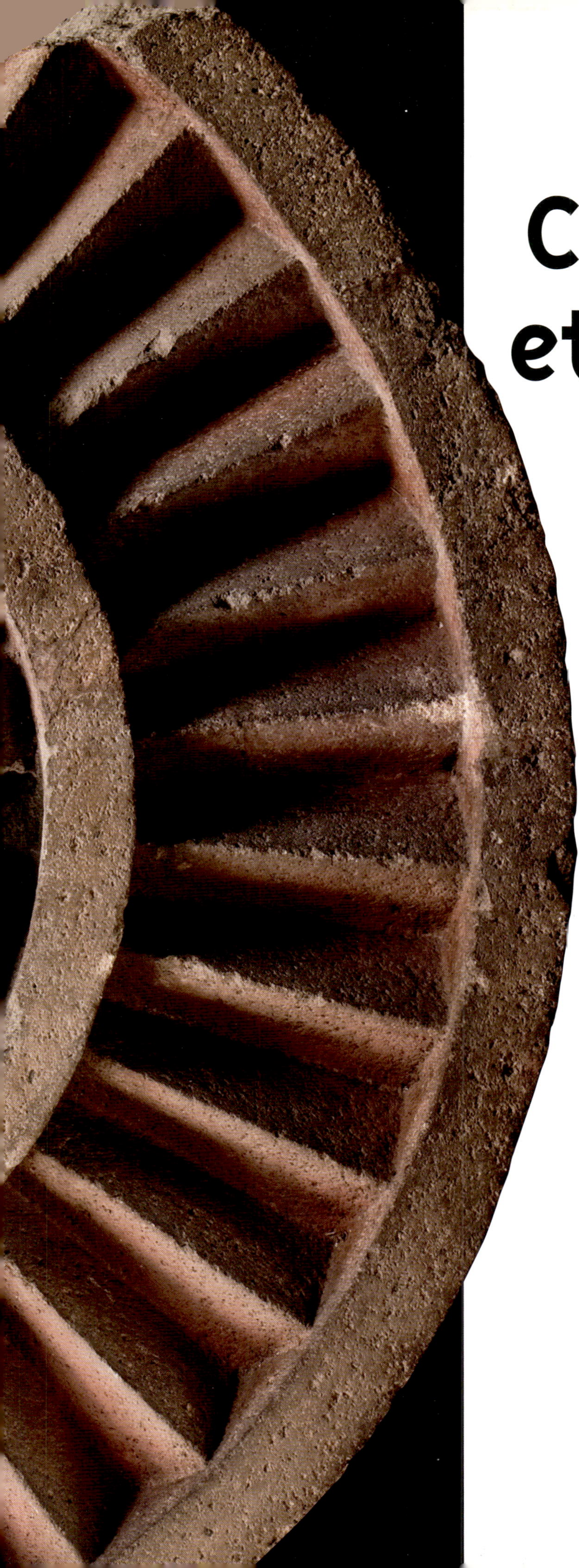

CROYANCES et vision de l'univers

Tout à Teotihuacan revêt une dimension religieuse. Le tracé de la ville, ses monuments, ses sépultures, son décor peint et sculpté renseignent sur la vision de l'univers de ses habitants et leurs croyances.

PAR FABIENNE DE PIERREBOURG
RESPONSABLE DES COLLECTIONS « AMÉRIQUES »
AU MUSÉE DU QUAI BRANLY

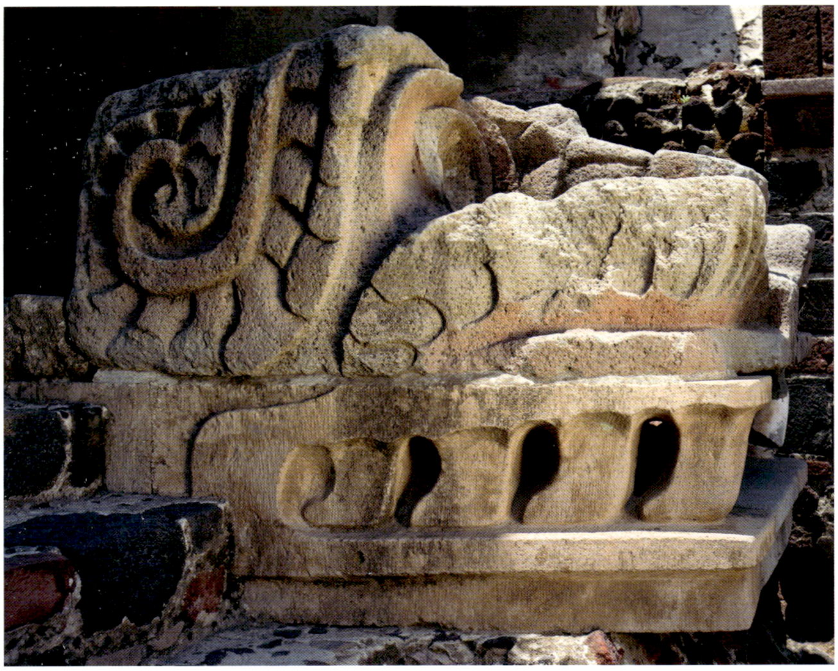

Teotihuacan, la « Cité des Dieux », a été ainsi nommée, huit siècles après sa chute, par les Aztèques qui y faisaient des pèlerinages et pensaient que les dieux s'y étaient sacrifiés pour donner naissance aux astres. C'est aussi grâce à eux et aux textes qui nous sont parvenus relatant en espagnol, latin ou nahuatl leurs croyances et coutumes au début de la colonisation espagnole (XVIe siècle), que nous avons quelques clefs pour comprendre la pensée des habitants de Teotihuacan. En effet, la Mésoamérique se caractérise par un fond commun idéologique qui traverse les siècles et les civilisations avec une extrême résistance au changement. Ainsi, le Serpent à plumes, le dieu de l'orage et le dieu du feu, nommés par les Aztèques Quetzalcóatl, Tláloc et Huehueteótl, seront vénérés dans le bassin de Mexico jusqu'à la Conquête. Mais nos connaissances des croyances et coutumes aztèques, observées par les Espagnols, ne sont pas suffisantes pour déchiffrer les vestiges de Teotihuacan, abandonnée un millénaire plus tôt. Le tracé de la ville renseigne sur la vision de l'univers. Intégrés dans ce tracé, les monuments ont leur signification, qui est décryptée grâce à la sculpture ou aux peintures murales qui les décorent, mais aussi par les offrandes ou sépultures qui y ont été déposées. Des dieux ou des entités surnaturelles, des symboles abstraits ou des représentations naturalistes – oiseaux, papillons, félins, ou plantes qui sont tout autant symboliques que les représentations abstraites – ornent les peintures murales, les récipients en céramique, et les encensoirs. Enfin, une écriture, ou au moins un système symbolique de notation, est en cours de déchiffrement.

Le tracé urbain, une conception de l'univers

Les Mésoaméricains envisagent la terre plane, fermée par les quatre points cardinaux et un centre par lequel passe l'*axis mundi,* axe vertical qui traverse la surface terrestre, le ciel et le monde souterrain. Dans un espace à deux dimensions, les axes est-ouest et nord-sud marquent ces cinq points et, en plus, ils renvoient aux trois dimensions de l'univers. Le premier représente la course du soleil, et l'axe nord sud est l'*axis mundi* avec, au nord, le haut, le ciel, le soleil à son zénith, et au sud, le bas, le monde souterrain, source de fertilité dans lequel transite le soleil nocturne. Ce schéma, inscrit dans une géographie sacrée, détermine le tracé urbain de Teotihuacan. La ville est dotée de ces trois dimensions. Sur le plan horizontal, l'axe est-ouest

Double page précédente :
Le Seigneur de l'Au-delà
Cette pièce impressionnante, liée au sacrifice humain et à la mort du soleil, associe un crâne tirant la langue à une coiffe en papier plissé qui évoque les rayons du soleil. Le pigment rouge (du cinabre) souligne le caractère sanglant et macabre de la sculpture.
Place face à la pyramide du Soleil, tranchée 5-B, 300-450 ap. J.-C., pierre, stuc et pigments, 125 x 103 x 25 cm.

Ci-dessus :
La spectaculaire tête du Serpent à plumes
au bas d'un escalier du temple de Quetzalcóatl.

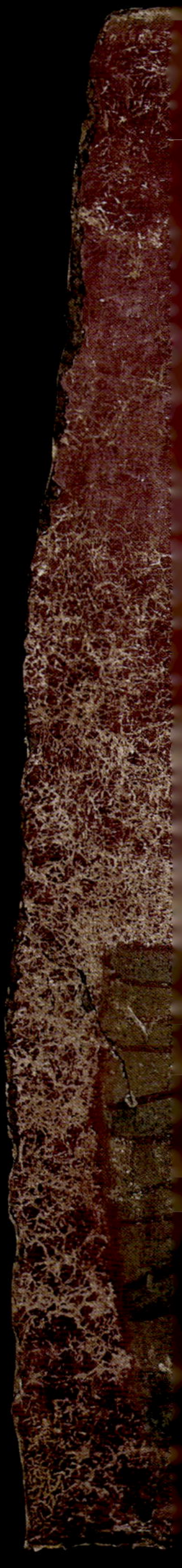

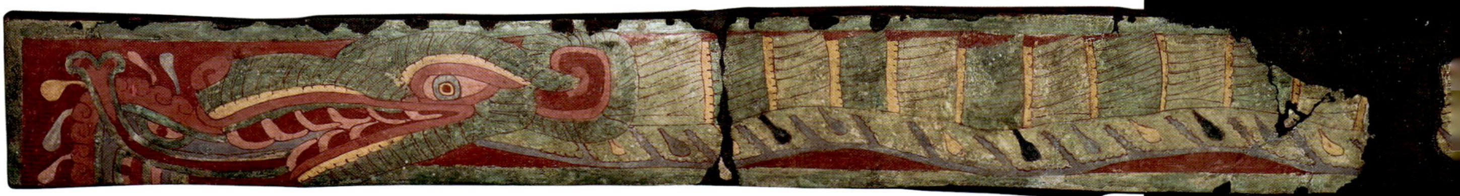

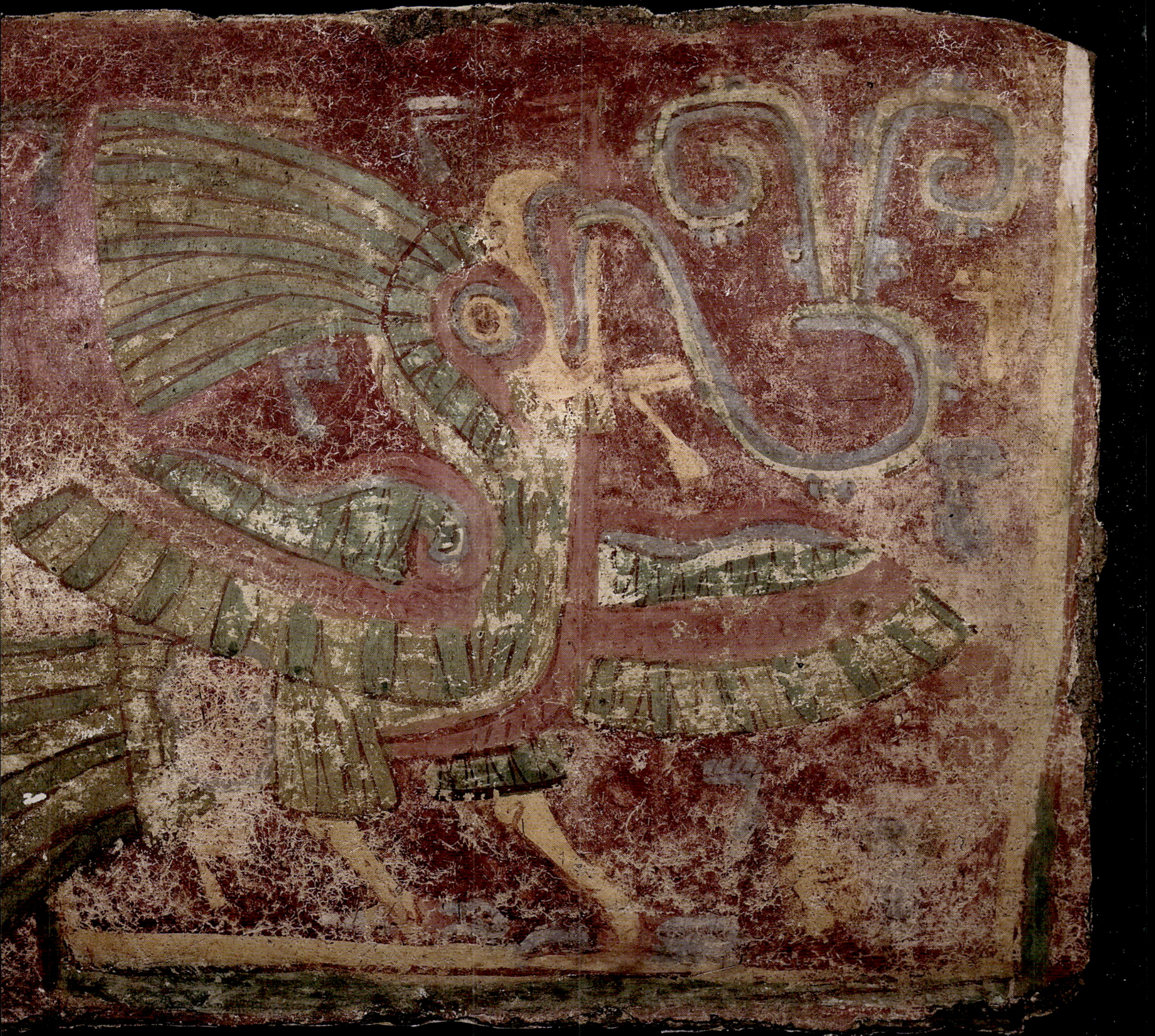

Ci-dessus :
Peinture murale avec quetzal chantant
Cet oiseau mythique aux ailes déployées chante ou déclame quelque liturgie, comme l'indique la volute qui sort de son bec.
Teotihuacan, ensemble Techinantitla, 450-650 ap. J.-C., stuc et pigments, 70 x 105 cm , Puebla, musée Amparo.

Ci-dessous :
Serpent à plumes
Le serpent, représenté ici rampant, un jet d'eau jaillissant de sa gueule, est considéré comme une divinité créatrice, une force qui donne la vie au monde.
Teotihuacan, Techinantitla, 350-650 ap. J.-C., stuc et pigments, 53 x 387 cm.

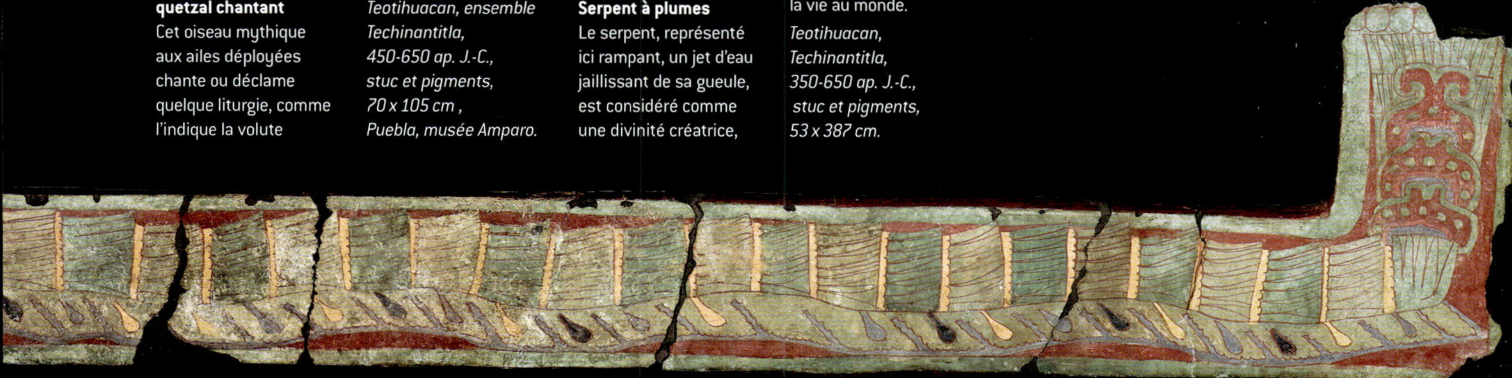

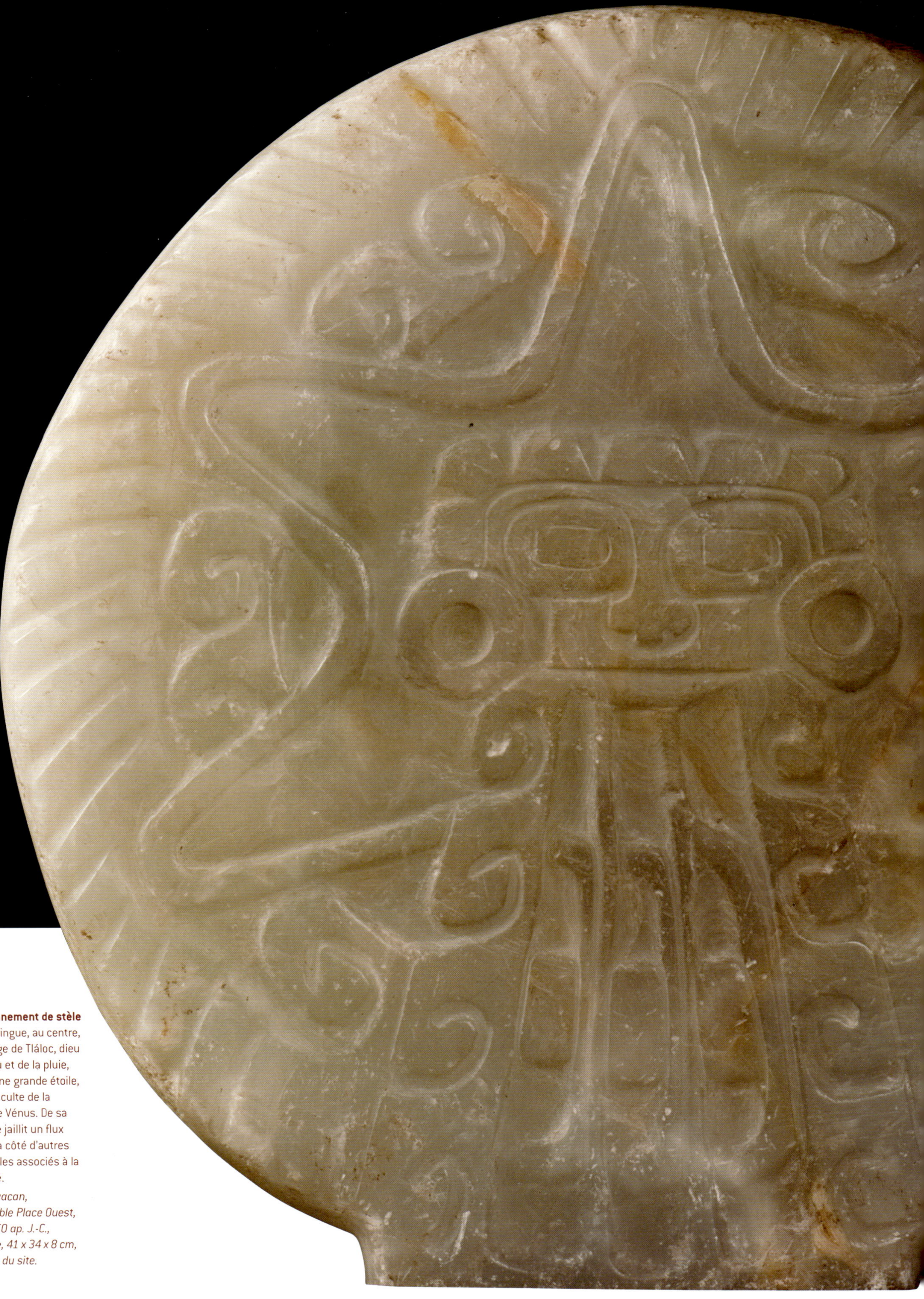

Couronnement de stèle
On distingue, au centre, le visage de Tláloc, dieu de l'eau et de la pluie, dans une grande étoile, liée au culte de la planète Vénus. De sa bouche jaillit un flux d'eau, à côté d'autres symboles associés à la fertilité.
Teotihuacan, ensemble Place Ouest, 250-550 ap. J.-C., albâtre, 41 x 34 x 8 cm, musée du site.

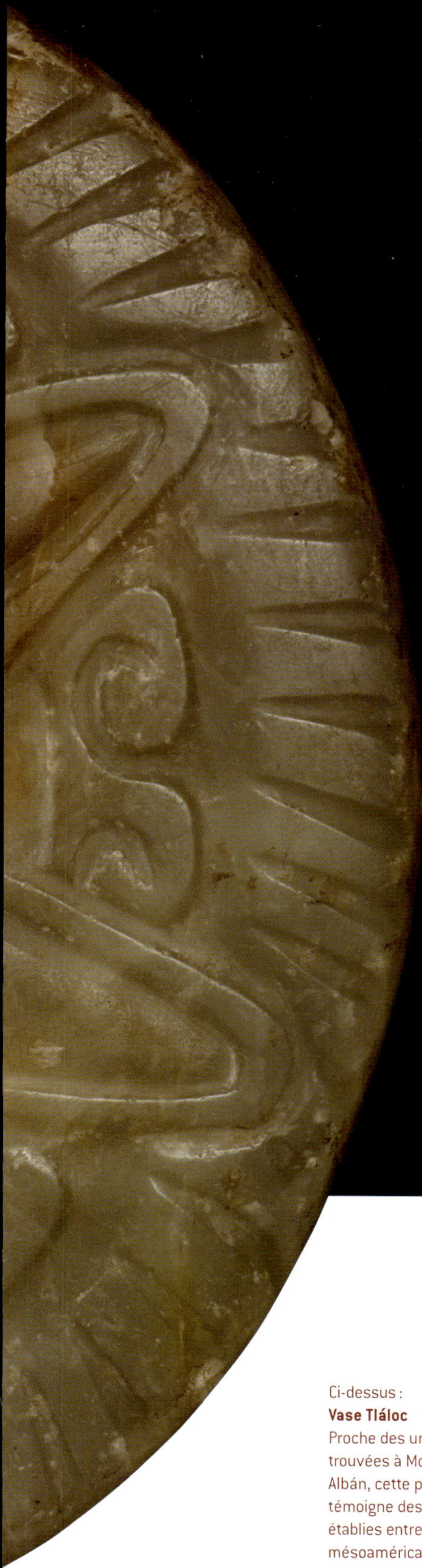

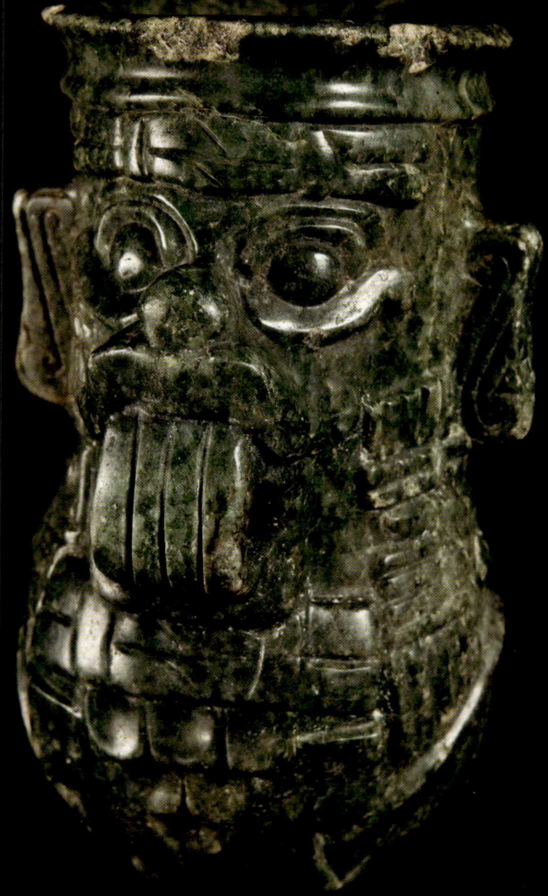

est marqué par le Rio San Juan détourné de sa course par un canal et par l'orientation de la pyramide du Soleil ; et l'axe nord-sud par la longue allée des Morts et par la pyramide de la Lune. Le Rio San Juan divise également la ville en deux. La partie sud, plus basse (en altitude) est dominée par le temple du Serpent à plumes ; la partie nord, plus haute et plus peuplée, contient un plus grand nombre de monuments. L'axe vertical est évoqué de différentes manières. Par l'architecture et la forme des pyramides, mais aussi par la grotte située sous la pyramide du Soleil, qui conduit vers le monde souterrain où naissent les eaux de sources, des lacs et les pluies qui s'élèvent de la terre sous forme de nuages. Il est aussi marqué par l'allée des Morts – axe nord-sud – qui relie la partie basse (au sud) occupée par la Citadelle, située dans un milieu marécageux et faisant référence au monde souterrain, à la pyramide de la Lune (au nord), réplique du Cerro Gordo, montagne qui la surplombe et qui ferait référence au ciel.

Des dieux aux multiples facettes

Le serpent à plumes, avec sa tête de reptile, ses yeux d'oiseau, son museau retroussé, sa large gueule, ses crocs recourbés vers l'arrière (sans incisive ou molaire), sa langue bifide, ses arcades sourcilières retroussées, son corps couvert de plumes et sa queue à sonnettes (pp. 32-33), représente la fusion de pôles opposés et complémentaires : le ciel et la terre. Il apparaît sous une variété de formes considérable, et dans des contextes très différents. Il est fort probable qu'il ait eu d'innombrables fonctions et pouvoirs. En relation avec le sacrifice, il est associé à un cœur ou à des gouttes de sang ; s'il est en relation avec l'eau et la fertilité, de l'eau coule de ses crocs, ou alors il est entouré d'eau ou d'éléments aquatiques ; parfois, le signe Vénus est marqué sur son corps ; ou encore celui-ci porte le symbole du temps (masque aux yeux ronds), comme c'est le cas du serpent qui orne le temple qui lui est dédié.

Le dieu appelé « dieu de l'orage » est associé aux pluies sous toutes leurs formes, bénéfiques et fertilisantes ou destructrices et amenées par les tempêtes et les orages ; il est aussi la personnification de la terre qui est la source de toutes les eaux puisque les pluies sont produites par les nuages qui émanent du sol (p. de gauche et ci-dessus). Le dieu de l'orage est reconnaissable à ses yeux cerclés, ses lèvres recourbées vers le haut, ou parfois vers le bas, et ses

Ci-dessus :
Vase Tláloc
Proche des urnes trouvées à Monte Albán, cette pièce témoigne des relations établies entre peuples mésoaméricains.
Teotihuacan, civilisation zapotèque, 150-650 ap. J.-C., pierre verte, 24,3 x 14,5 x 16,3 cm.

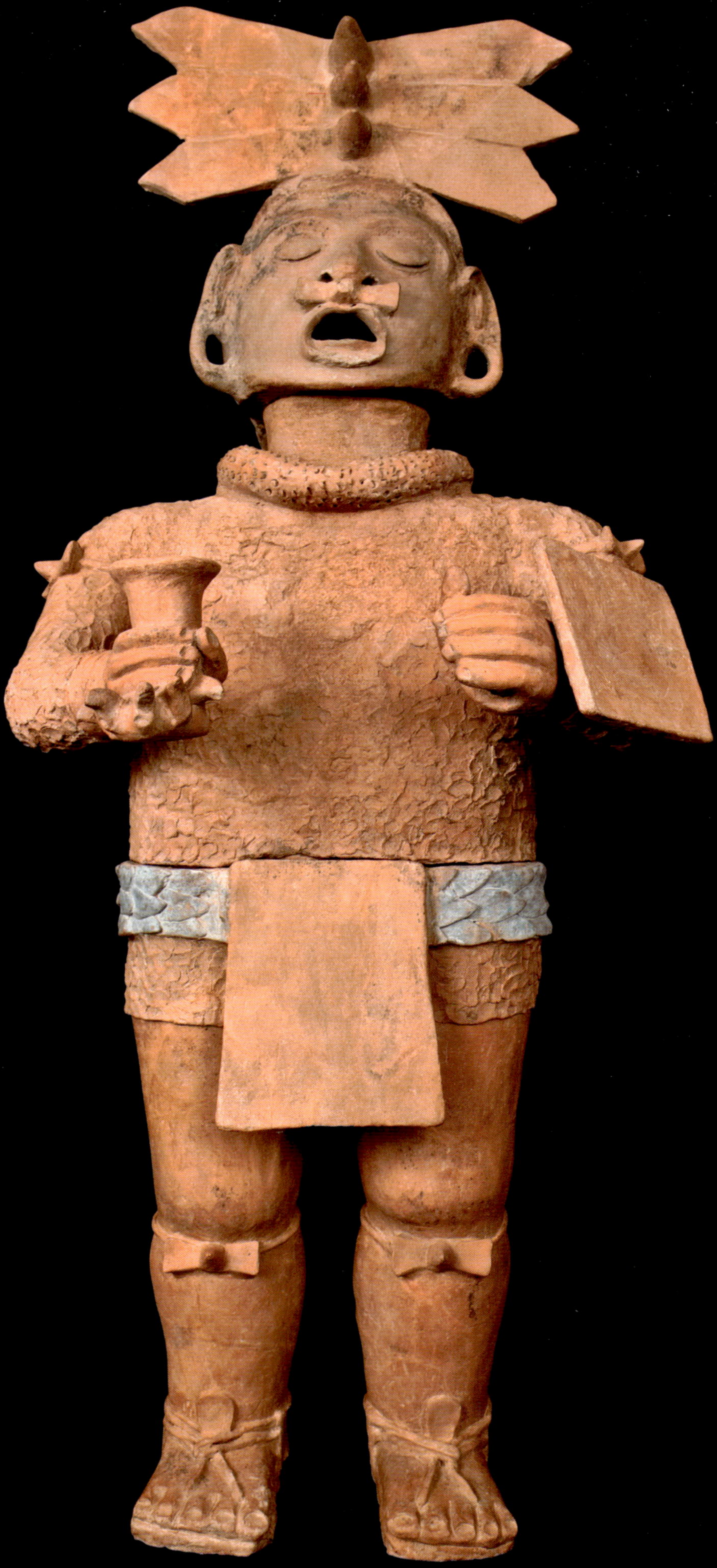

Ci-contre :
Le dieu masqué
Chez les Náhuatl, le dieu Xipe Tótec (« Notre Seigneur l'Écorché ») s'écorche lui-même pour nourrir l'humanité, comme les hommes enlèvent la peau du maïs. Le sacrifice offert à cette divinité visait à recréer cette scène mythologique : des prêtres sacrifiaient puis écorchaient des esclaves pour se revêtir de leur peau.
Teotihuacan, 350-550 ap. J.-C., céramique, stuc et pigments, 110 x 49 x 31 cm.

Page de droite :
Le « Paradis de Tláloc »
Cette fresque ornant un mur de l'ensemble résidentiel de Tepantitla représente une montagne dont s'écoule un torrent, tandis que, tout autour, des petits personnages courent, dansent ou parlent. Les volutes sortant de leurs bouches figurent des prières ou des chants.

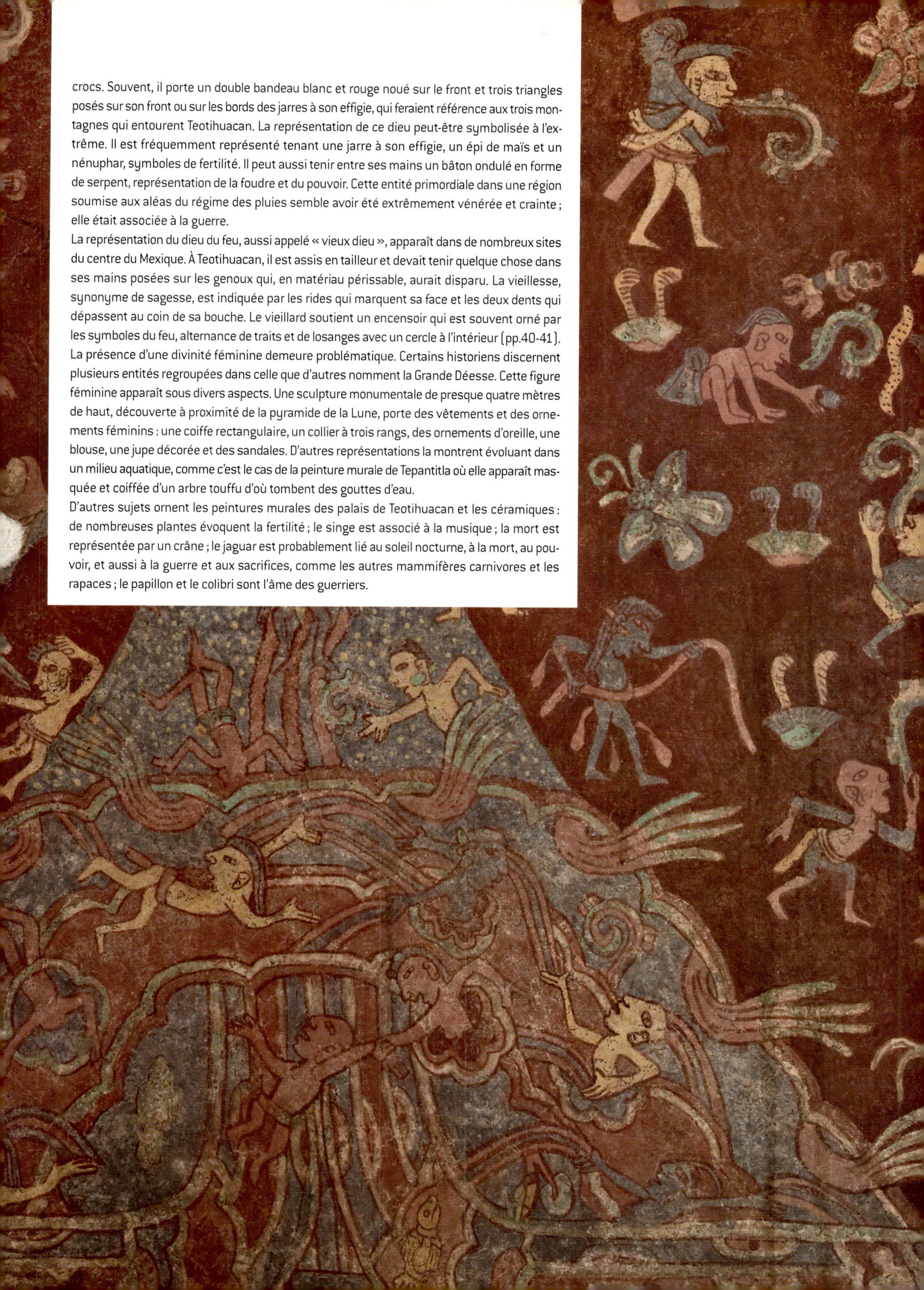

crocs. Souvent, il porte un double bandeau blanc et rouge noué sur le front et trois triangles posés sur son front ou sur les bords des jarres à son effigie, qui feraient référence aux trois montagnes qui entourent Teotihuacan. La représentation de ce dieu peut-être symbolisée à l'extrême. Il est fréquemment représenté tenant une jarre à son effigie, un épi de maïs et un nénuphar, symboles de fertilité. Il peut aussi tenir entre ses mains un bâton ondulé en forme de serpent, représentation de la foudre et du pouvoir. Cette entité primordiale dans une région soumise aux aléas du régime des pluies semble avoir été extrêmement vénérée et crainte ; elle était associée à la guerre.

La représentation du dieu du feu, aussi appelé « vieux dieu », apparaît dans de nombreux sites du centre du Mexique. À Teotihuacan, il est assis en tailleur et devait tenir quelque chose dans ses mains posées sur les genoux qui, en matériau périssable, aurait disparu. La vieillesse, synonyme de sagesse, est indiquée par les rides qui marquent sa face et les deux dents qui dépassent au coin de sa bouche. Le vieillard soutient un encensoir qui est souvent orné par les symboles du feu, alternance de traits et de losanges avec un cercle à l'intérieur (pp.40-41).

La présence d'une divinité féminine demeure problématique. Certains historiens discernent plusieurs entités regroupées dans celle que d'autres nomment la Grande Déesse. Cette figure féminine apparaît sous divers aspects. Une sculpture monumentale de presque quatre mètres de haut, découverte à proximité de la pyramide de la Lune, porte des vêtements et des ornements féminins : une coiffe rectangulaire, un collier à trois rangs, des ornements d'oreille, une blouse, une jupe décorée et des sandales. D'autres représentations la montrent évoluant dans un milieu aquatique, comme c'est le cas de la peinture murale de Tepantitla où elle apparaît masquée et coiffée d'un arbre touffu d'où tombent des gouttes d'eau.

D'autres sujets ornent les peintures murales des palais de Teotihuacan et les céramiques : de nombreuses plantes évoquent la fertilité ; le singe est associé à la musique ; la mort est représentée par un crâne ; le jaguar est probablement lié au soleil nocturne, à la mort, au pouvoir, et aussi à la guerre et aux sacrifices, comme les autres mammifères carnivores et les rapaces ; le papillon et le colibri sont l'âme des guerriers.

Ci-dessous :
Visage de la Mort
La mort était une autre forme de vie pour les Teotihuacans. La langue pendante ferait référence à l'autosacrifice, pratique répandue en Mésoamérique, consistant à la percer avec des épines de cactus.
Teotihuacan, place de la pyramide du Soleil, 150-650 ap. J.-C., pierre, 70 x 99 x 39 cm.

Page de droite :
Sculpture anthropomorphe mutilée
Le corps stylisé de cette statue est révélateur du style de Teotihuacan. La nudité et la mutilation sexuelle désigneraient ce personnage comme un captif.
Teotihuacan, « Maison des Prêtres », édifice proche de la pyramide du Soleil, 200-350 ap. J.-C., serpentine, 71,7 x 25,4 x 11,7 cm.

Sacrifices et religion d'État

Répondant à la coutume mésoaméricaine d'agrandir les édifices religieux en superposant le bâtiment plus récent sur le précédent à la manière de poupées russes, la pyramide de la Lune a connu sept étapes de construction. Les quatre dernières ont été accompagnées de rituels de fondation constitués de sacrifices humains et animaux, et d'offrandes formant de riches sépultures. Certaines sont enfouies aux quatre coins de la pyramide, d'autres sur son axe nord-sud, soit dans le prolongement de l'allée des Morts. Déposés suivant un rituel codifié, les objets associés transmettent un message autant politique que religieux. Les victimes de sacrifices sont des hommes étrangers à la ville, probablement des captifs, de très hauts dignitaires pour certains. Avec eux, ont été ensevelis, parfois encore vivants, des mammifères carnivores et des rapaces, des pointes de flèches, des lames et des figurines d'obsidienne représentant des prisonniers, des figurines de pierres vertes, des ornements en jade et en coquillage. L'axe nord-sud est marqué par la disposition symétrique des objets, et cinq jarres à l'effigie du dieu de l'orage, qui apparaît ici sous son aspect terrestre et belliqueux, sont déposées aux quatre coins de la sépulture et au centre. Des regroupements d'objets respectent les nombres sacrés en relation avec le calendrier. Une observation identique a été faite dans la pyramide du temple du Serpent à plumes, monument dédié au temps.
Ainsi, depuis le tracé de la ville jusqu'aux dépôts d'objets, l'univers est reproduit et, avec lui, la course du temps. Celle-ci est indiquée par les axes dont les points extrêmes marquent le coucher et le lever du soleil, ses positions zénithale et nocturne et par la répétition de chiffres sacrés. Les dieux et autres entités représentent les forces de cet univers sous différents aspects. Ils sont parfois belliqueux et une religion d'État s'exprime par des rituels de fondation en relation avec l'expansion territoriale de Teotihuacan. ■

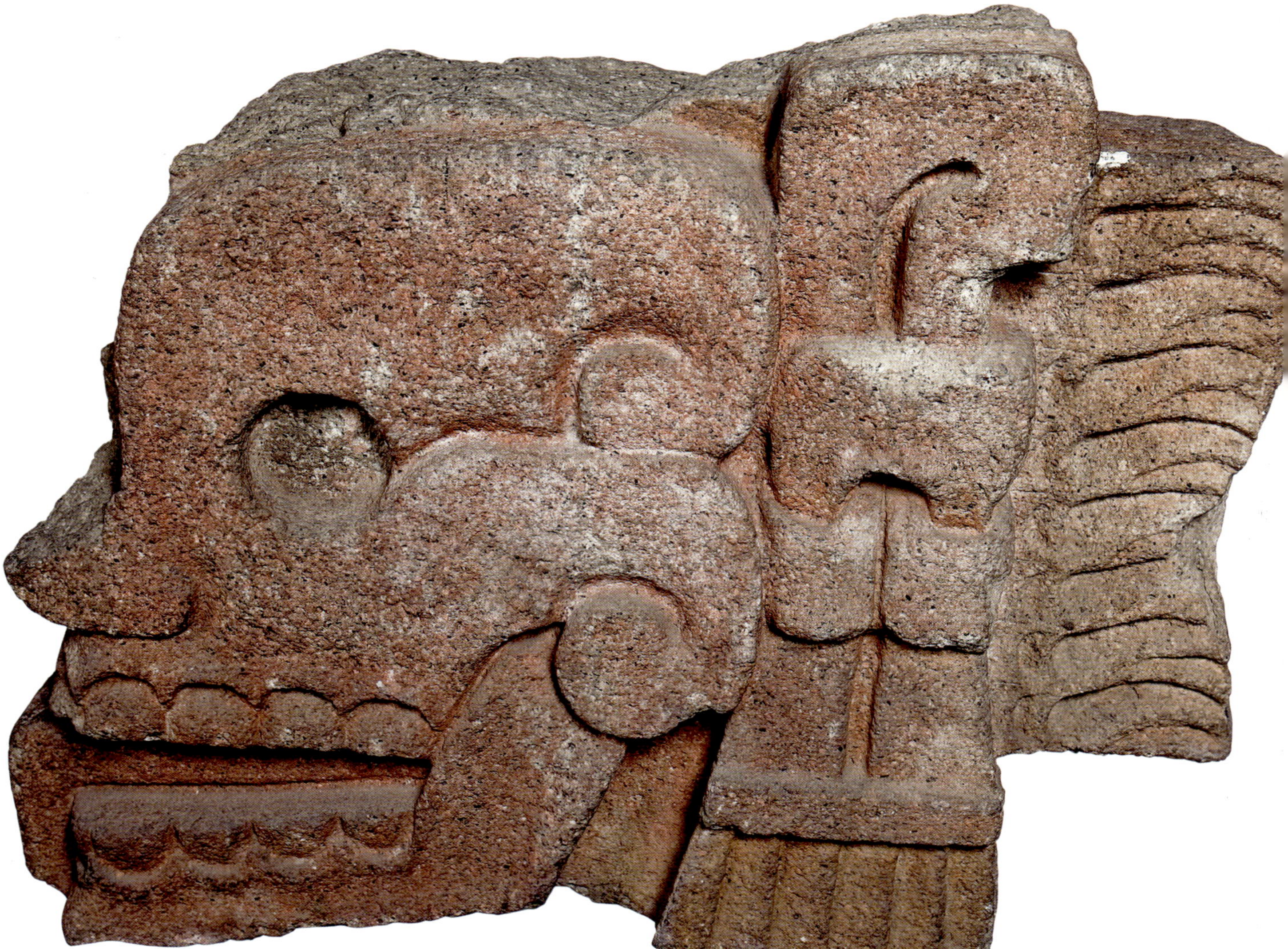

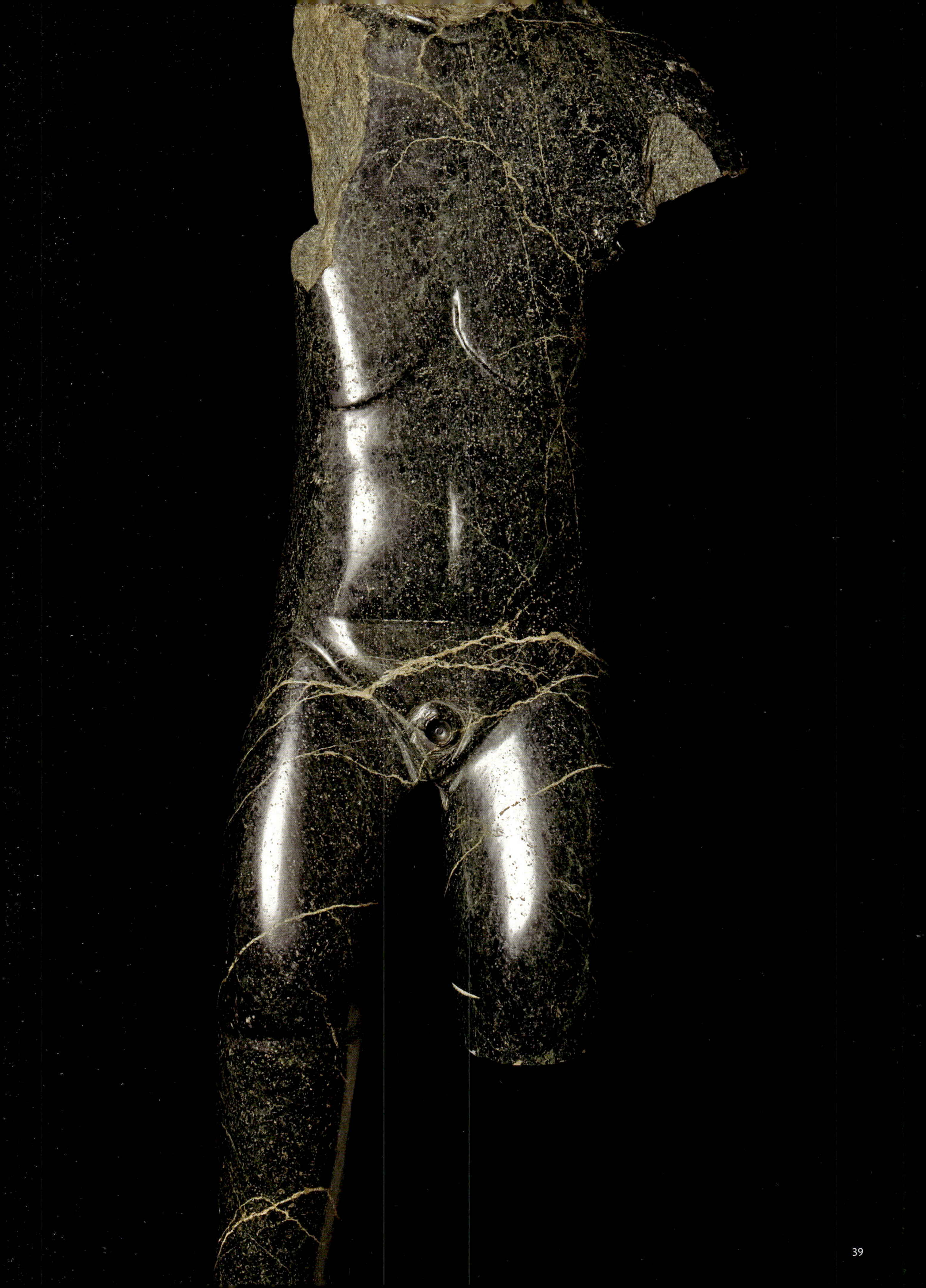

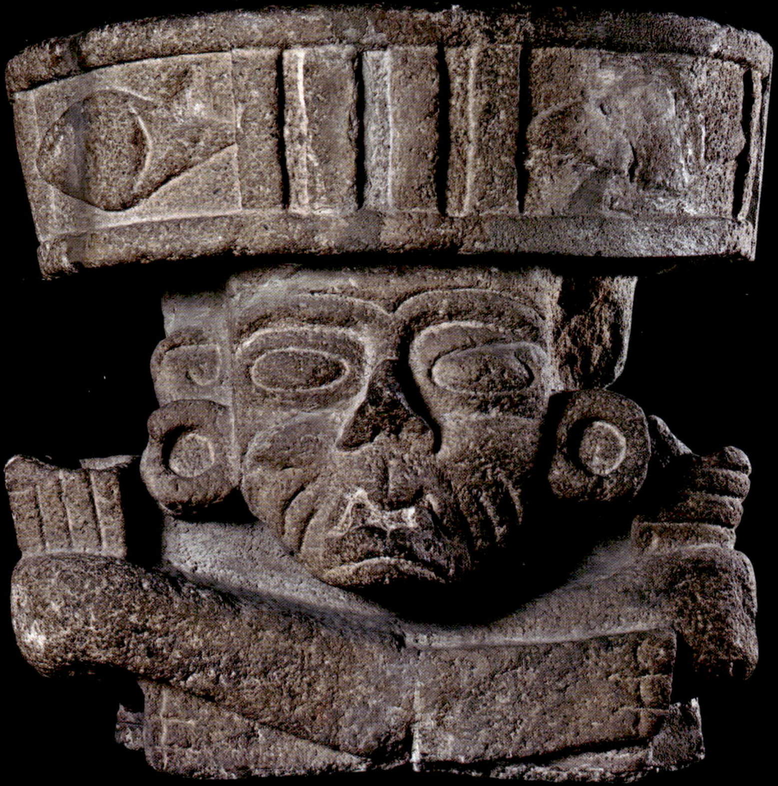

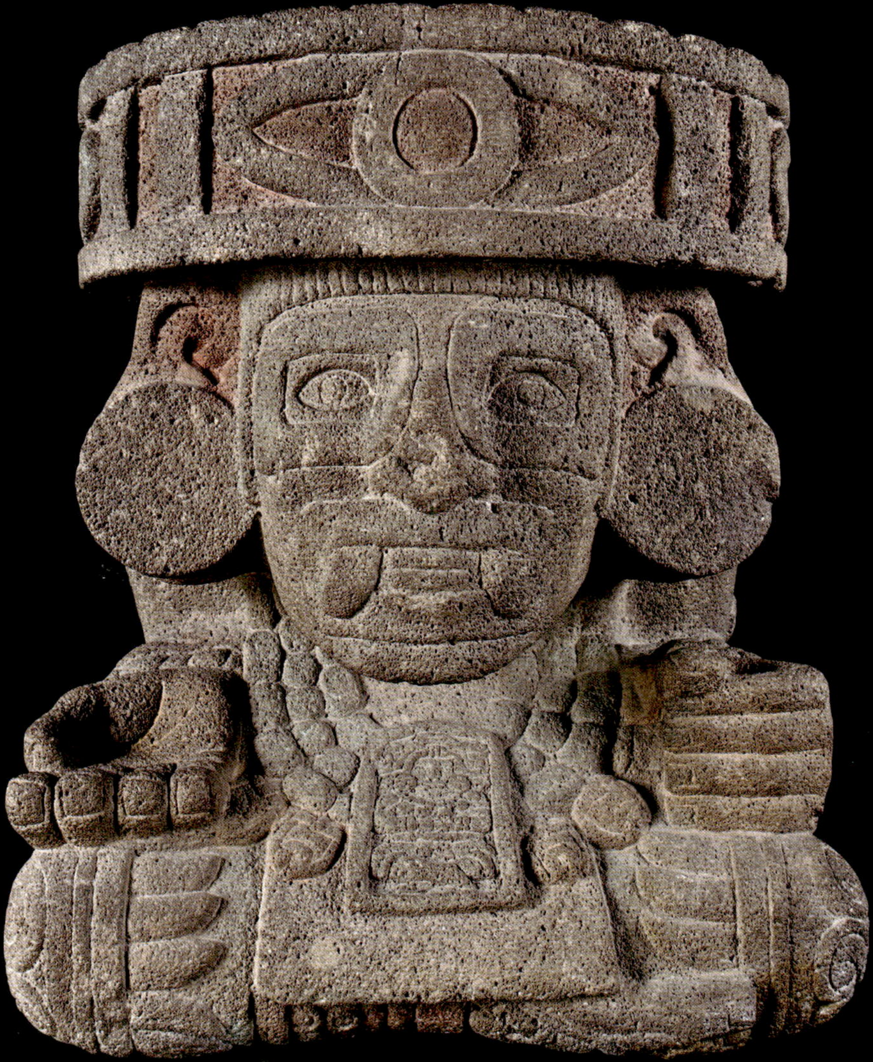

De haut en bas :

Huehuetéotl
*Teotihuacan,
150-650 apr. J.-C.,
pierre, 65 x 63 x 66 cm.*

Huehuetéotl-Tláloc
*Tenochtitlan, ville de
Mexico, Templo Mayor,
probablement 1325-
1521 apr. J.-C., pierre,
66 x 57,3 x 56 cm,
Mexico, musée
du Templo Mayor.*

Ci-dessous :
Huehuetéotl, Dieu du Feu
Cerro de las Mesas, Veracruz, céramique, 87,5 x 62 x 64 cm.

Ci-contre :
Huehuetéotl
Michoacán, datation inconnue, andésite, 41,5 x 33,4 x 33,3 cm Musée régional du Michoacán.

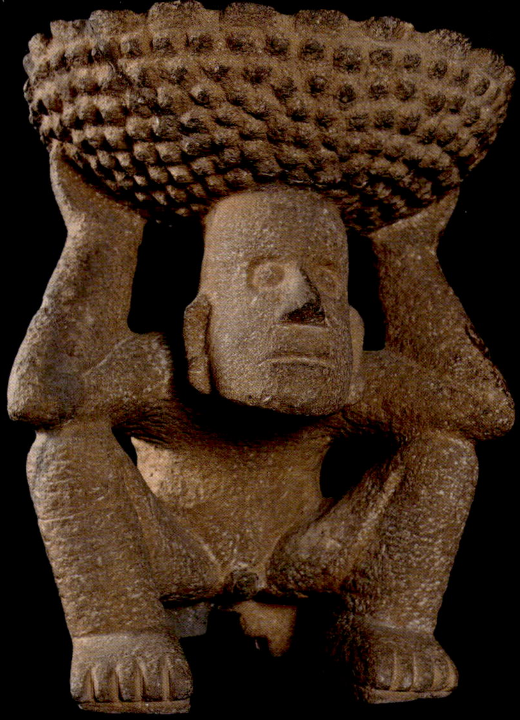

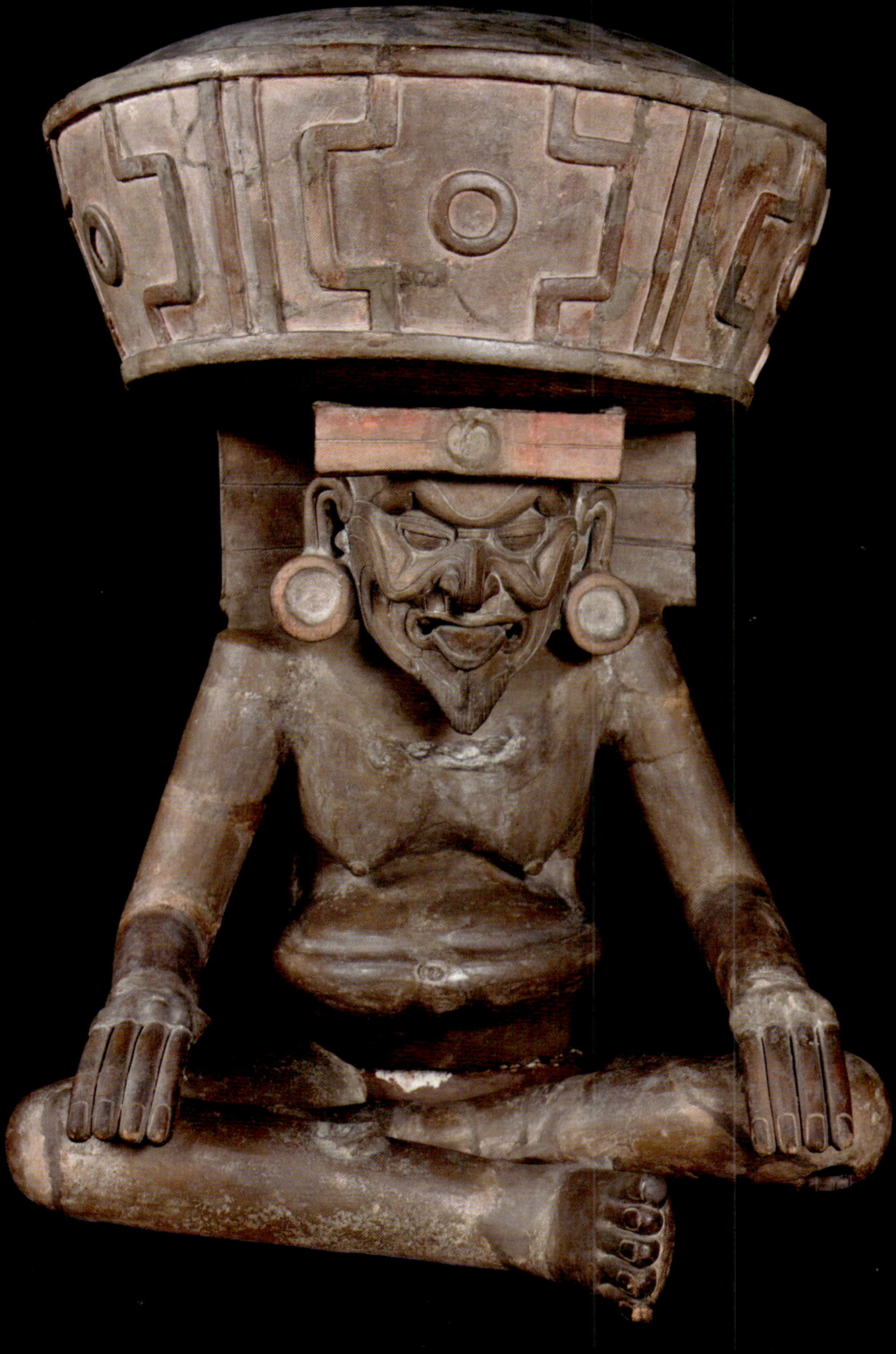

VIEUX DIEU OU DIEU DU FEU

Huehuetéotl, le « vieux dieu » ou encore le « dieu du feu », est l'une des plus anciennes divinités vénérées dans le bassin de Mexico. Associé à la fertilité, c'est aussi le protecteur du foyer, et il a été souvent sculpté dans la pierre des patios situés au centre des unités d'habitation de Teotihuacan, où une trentaine de ses effigies ont été retrouvées. Il y est toujours représenté de façon assez schématique, sous la forme d'un vieillard assis dans la position de lotus, un brasero sur la tête, mais son image prend une dimension plus sophistiquée quand le style Teotihuacan se mêle, dans la céramique, d'influences locales comme à Cerro de la Mesas, au centre de l'État de Veracruz (ci-contre à gauche) ou, dans la pierre, au nord-est du Mexique (ci-dessus). D. B.

PALAIS
et maisons

Peintures et sculptures
des palais de Teotihuacan
témoignent du mode de vie
de la classe dirigeante.
Tandis que les objets reflètent
la variété des usages et
l'habileté des artisans.

PAR PHILIPPE BOURGOIN

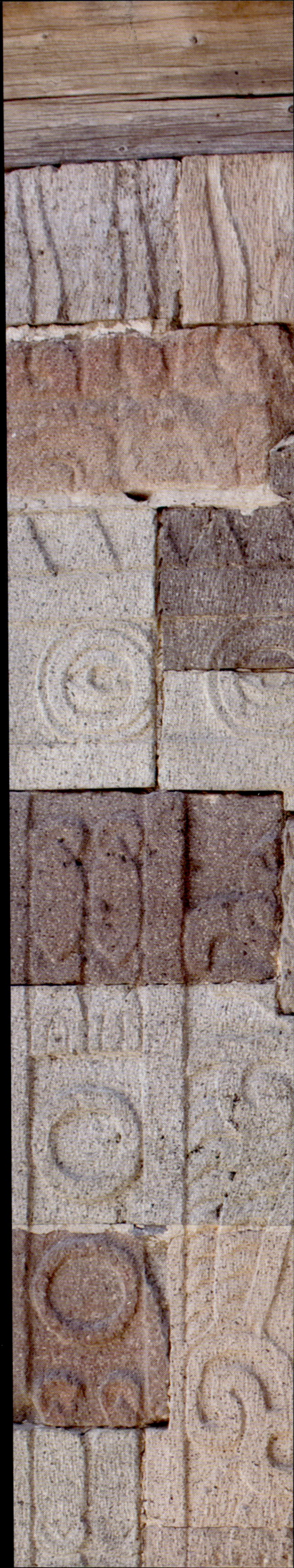

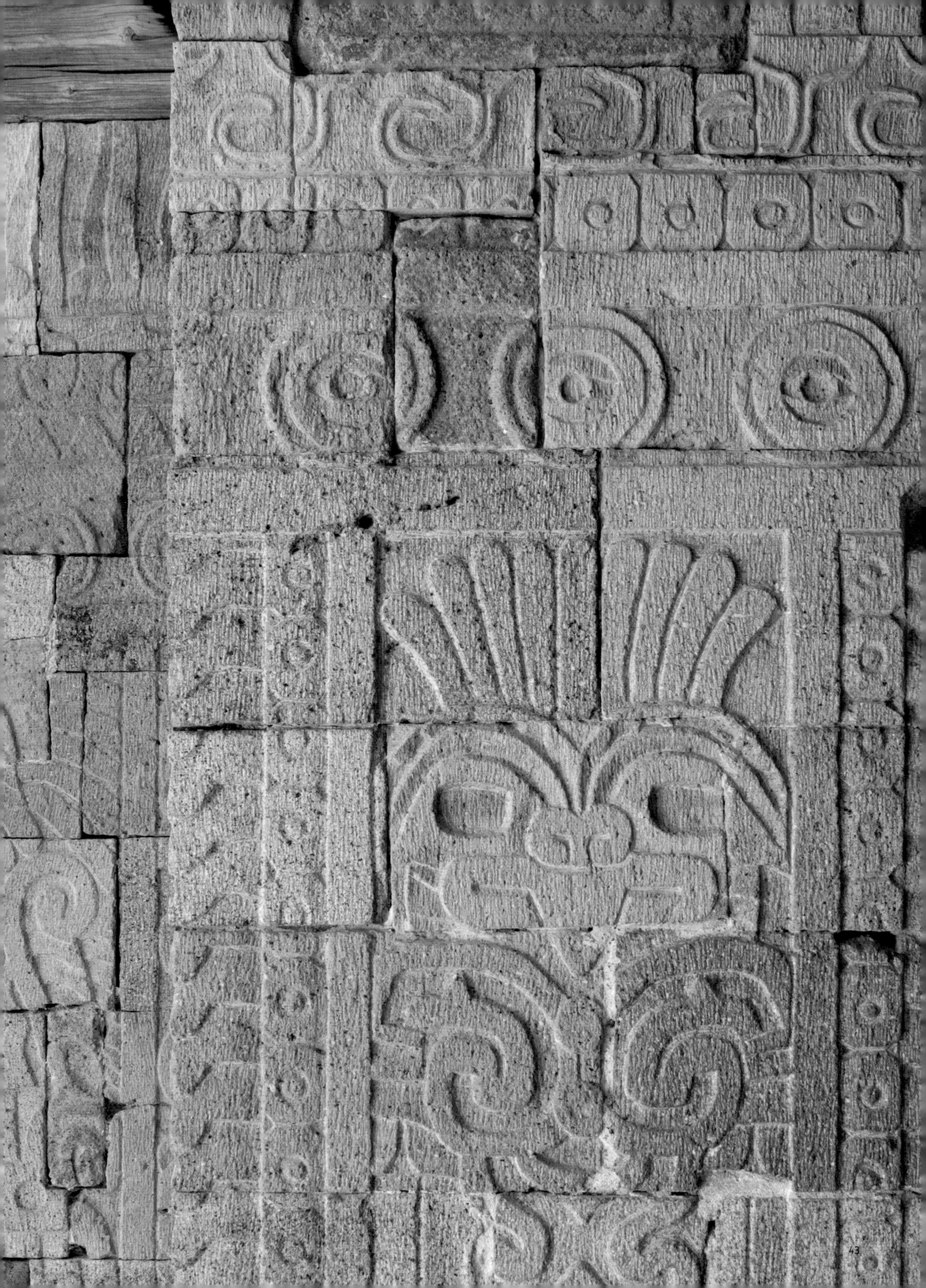

Vers l'an 250 de notre ère, Teotihuacan était le plus grand centre de production et d'échange de biens de toute la Mésoamérique. La cité cosmopolite était divisée en quartiers où la majeure partie de la population vivait dans de vastes ensembles de bâtiments qui ordonnaient les habitations autour de patios précédés de porches, reliés entre eux par des couloirs. Cette population se répartissait dans des quartiers spécifiques : quartier des lapidaires, quartier des étrangers, quartier des commerçants, quartier des potiers. D'autres habitants plus modestes vivaient dans des maisons de briques crues ou de torchis ; les paysans, quant à eux, résidaient à la périphérie de la cité.

Les « palais », situés dans l'aire centrale, étaient occupés par les hauts dignitaires. Ainsi, le palais de Quetzalpapálotl, remarquablement restauré par Ignacio Bernal en 1962, témoigne du cadre de vie de l'élite de Teotihuacan. Ce bâtiment, construit entre 100 et 200 apr. J.-C., a été édifié sur une construction antérieure, le palais des Escargots emplumés : linteaux et panneaux y sont ornés de bas-reliefs peints représentant des conques marines à plumes et des aigles (ou des hiboux). Situé sur le côté sud-ouest de la place de la Lune, à laquelle il devait être relié, le palais de Quetzalpapálotl s'organise autour d'un patio bordé par une galerie dont les piliers en pierre sont sculptés. La base des murs de la galerie est couverte d'un revêtement de stuc poli décoré de fresques. Une frise peinte court tout autour du patio. Des merlons décoratifs, portant le symbole de l'année, se découpent sur le ciel, couronnant le tout. Au centre de la cour, une citerne recueillait les eaux pluviales. Si l'architecture est la forme plastique la plus spectaculaire, elle est associée à d'autres expressions artistiques de premier ordre : sculpture, peinture murale et art de la céramique.

Double page précédente : **Piliers sculptés** du palais de Quetzalpapálotl (« oiseau-papillon »), situé au sud-ouest de la place de la Lune.

Ci-dessous : **Temple des Escargots emplumés** (il s'agit en réalité de conques marines) : décor sculpté encadrant la façade.

Palais de Quetzalpapálotl
La cour intérieure avec ses piliers sculptés, son système de drainage des eaux pluviales au centre et, au bord des toits-terrasses, ses merlons se détachant sur le ciel.

Page de droite : **Ensemble résidentiel d'Atetelco**
Les passages entre le patio et les pièces intérieures sont souvent couverts de peintures. Le rouge utilisé pour le fond était considéré comme une couleur sacrée car associée au courage.

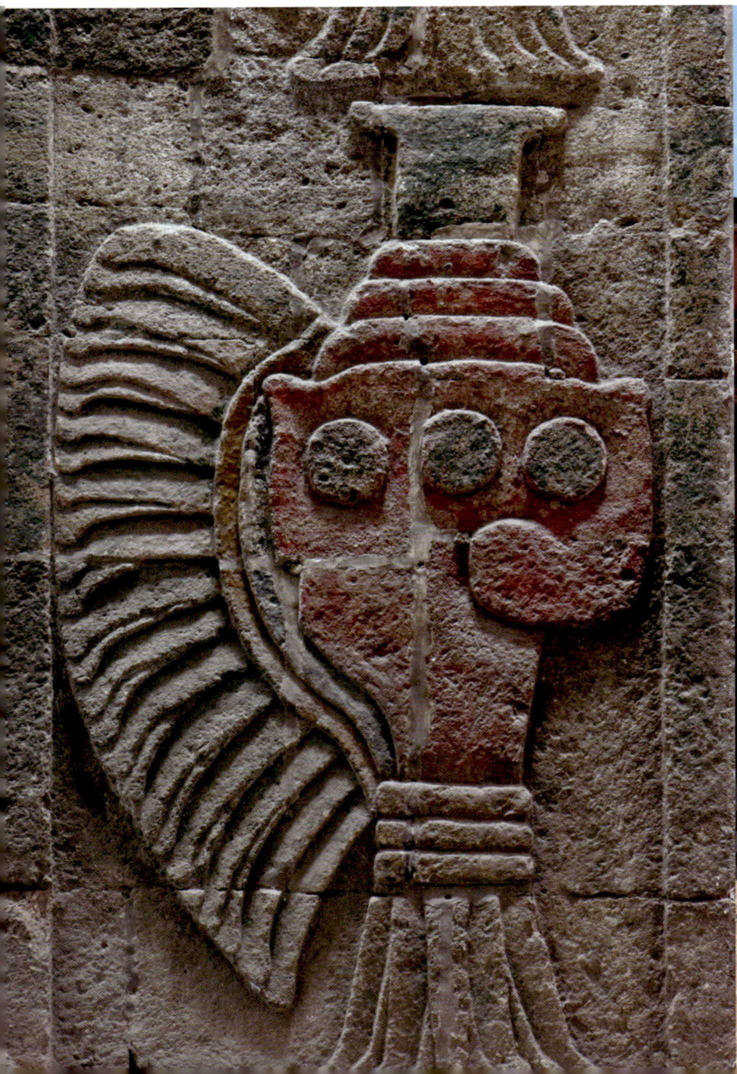

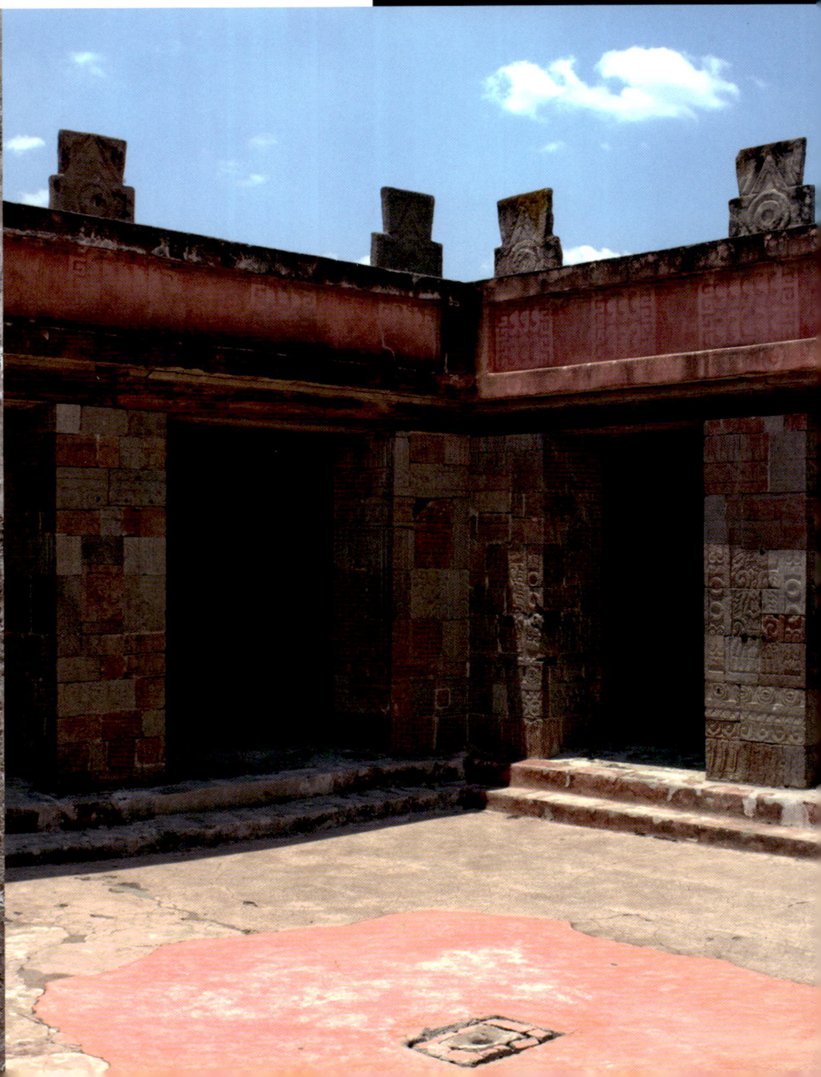

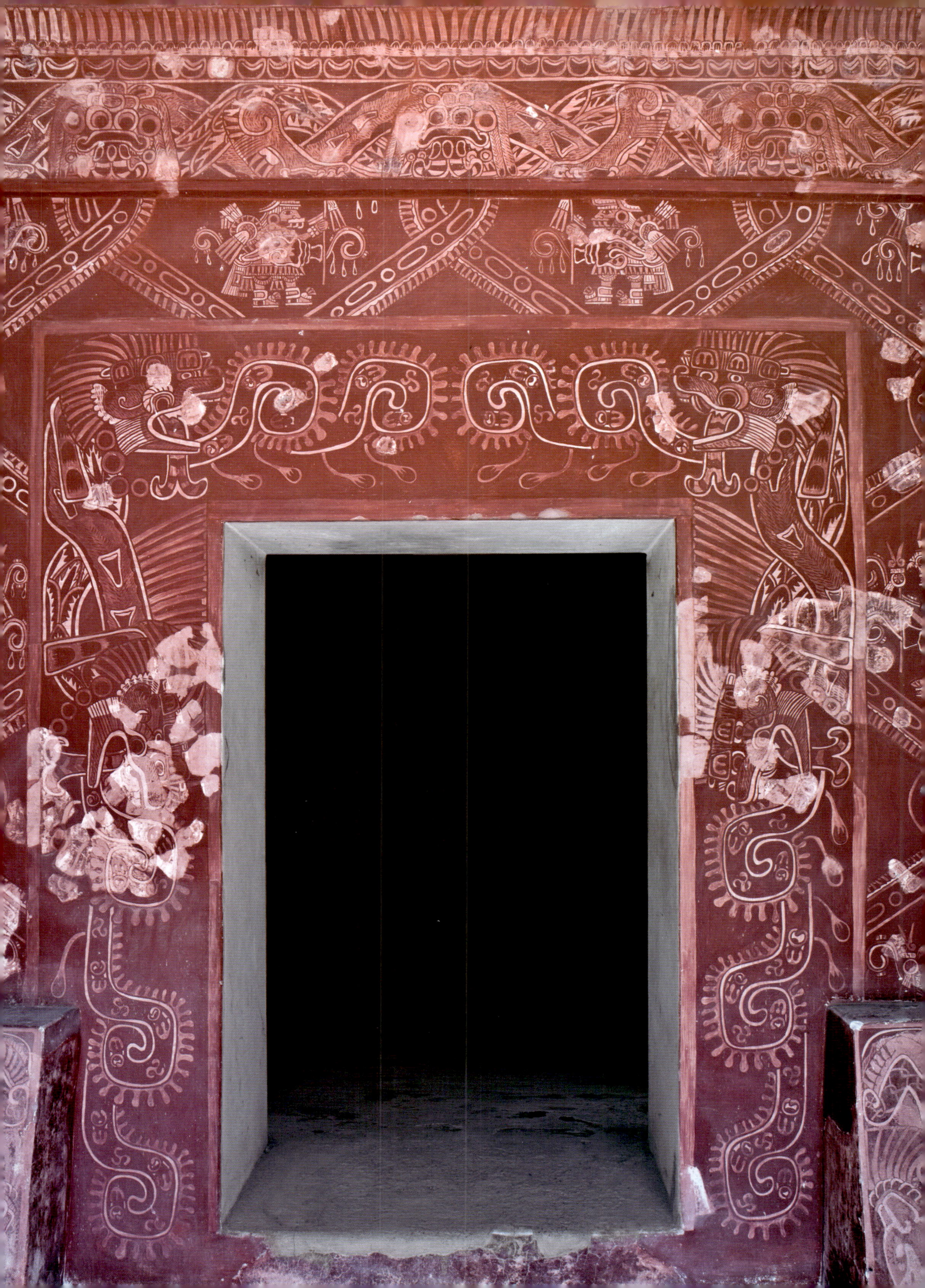

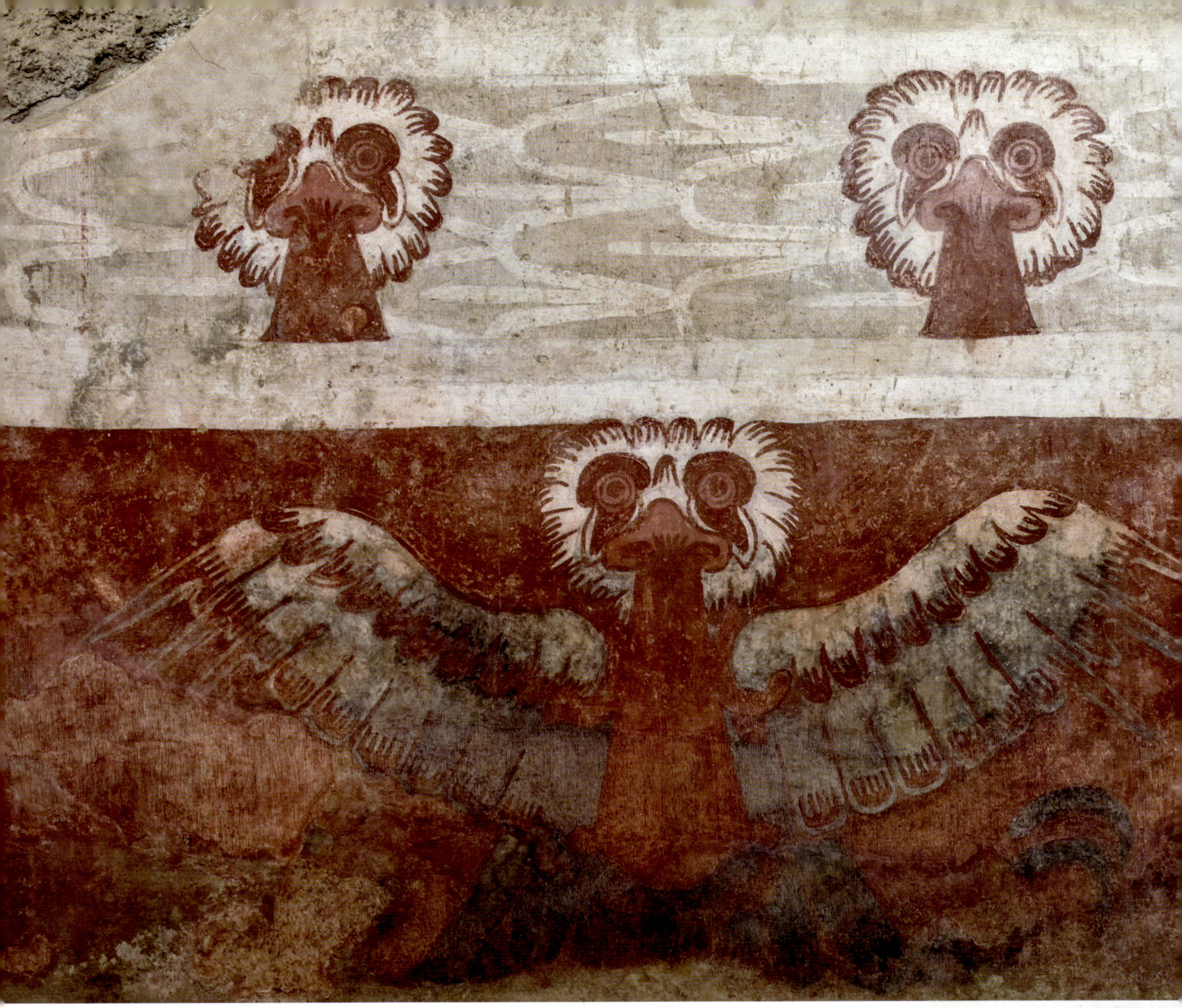

Jaguars, coquillages et cœurs arrachés

C'est dans les palais que l'on a retrouvé la plupart des peintures murales de Teotihuacan. Le répertoire iconographique est très large, en général associé à la représentation de rituels. On y trouve souvent des processions de personnages parés de manière somptueuse. Dans la galerie du patio des Jaguars – situé derrière le palais de Quetzalpapálotl – des félins portent sur leur échine des coquillages marins et soufflent dans des conques à plumes.
À Tetitla, l'un des ensembles résidentiels de Teotihuacan qui date environ de l'an 450 de notre ère et qui est situé à l'est de la pyramide du Soleil, apparaît à plusieurs reprises un personnage vêtu en jaguar réticulé (page de droite, en haut) que certains spécialistes ont identifié comme étant le second dignitaire de la cité maya de Copan où, d'après les inscriptions, une dynastie originaire de Teotihuacan se serait établie. Sur les peintures murales de Tepantitla, des processions mettent en scène des prêtres en costumes de cérémonie, psalmodiant et semant des graines (ci-contre). Le sacrifice et les symboles qui lui sont associés sont également présents dans toute l'iconographie de Teotihuacan : cœurs arrachés et offerts au soleil, conque emplumée dont la couleur rouge indique qu'elle contient « l'eau précieuse » – le sang des sacrifiés –, ou encore oiseaux étanchant leur soif dans un cours d'eau, sur la banquette du palais des Escargots emplumés – aigles ou hiboux se gorgeant de sang humain. D'autres pièces extraordinaires illustrent le talent des artistes : récipients et figurines, outils, instruments de musique, bijoux en coquillage, en os ou en pierre.

Ci-dessus :
Complexe d'habitation de Tetitla.
Peinture murale représentant des aigles (ou des hiboux).
Du bec du plus grand coule du sang.

Page de droite :
Un jaguar réticulé
peint sur un mur de Tetitla.

Ci-contre :
Palais de Tepantitla.
Procession de prêtres portant un riche costume et un masque de « crocodile emplumé » : les volutes qui jaillissent de leurs mains symbolisent les offrandes d'aromates qu'ils font aux dieux.

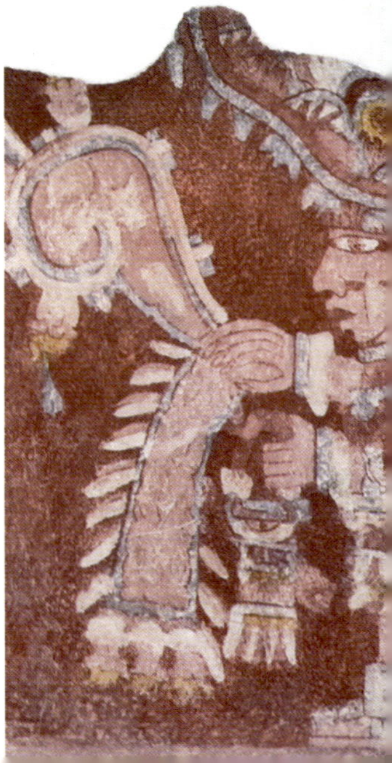

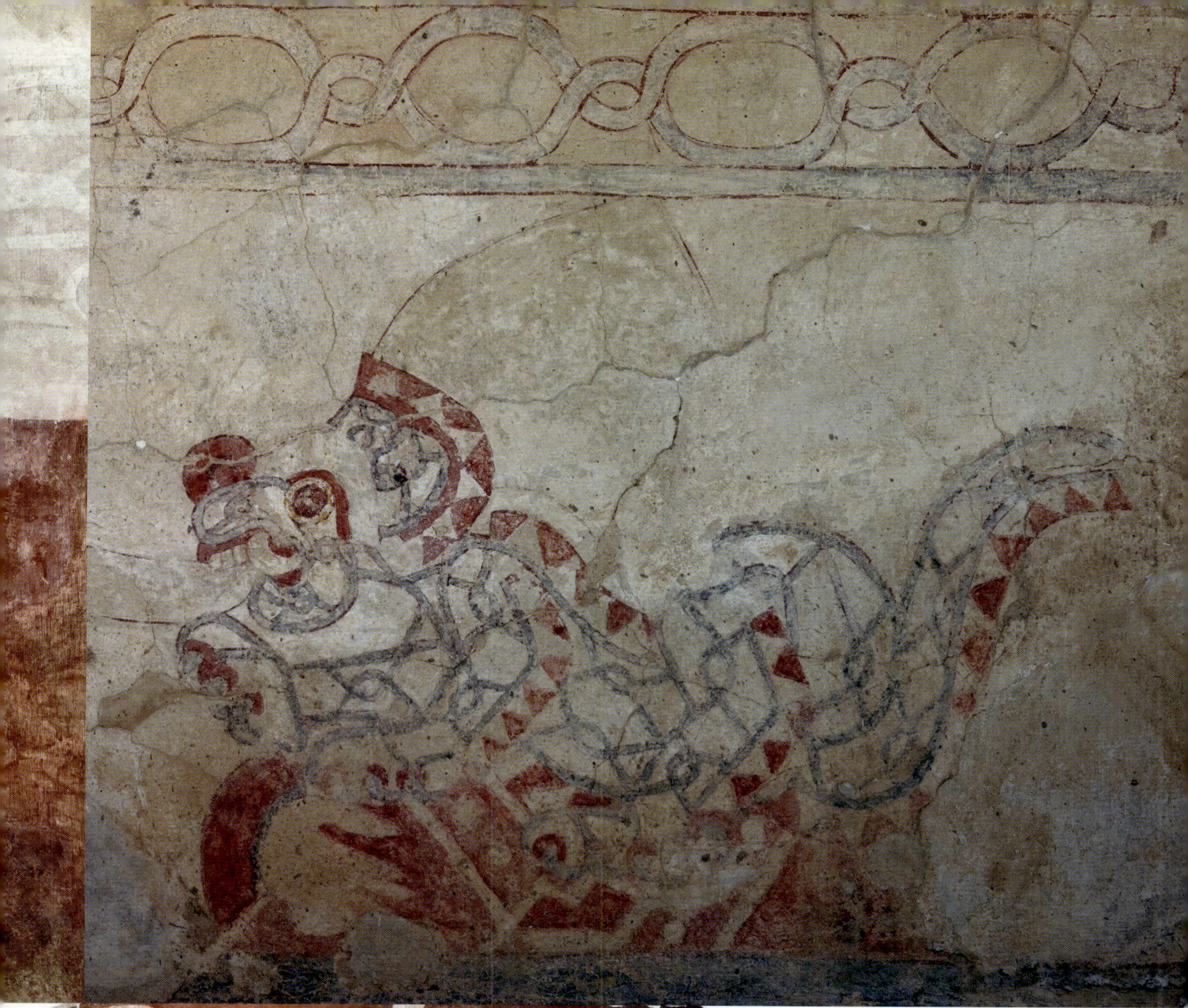

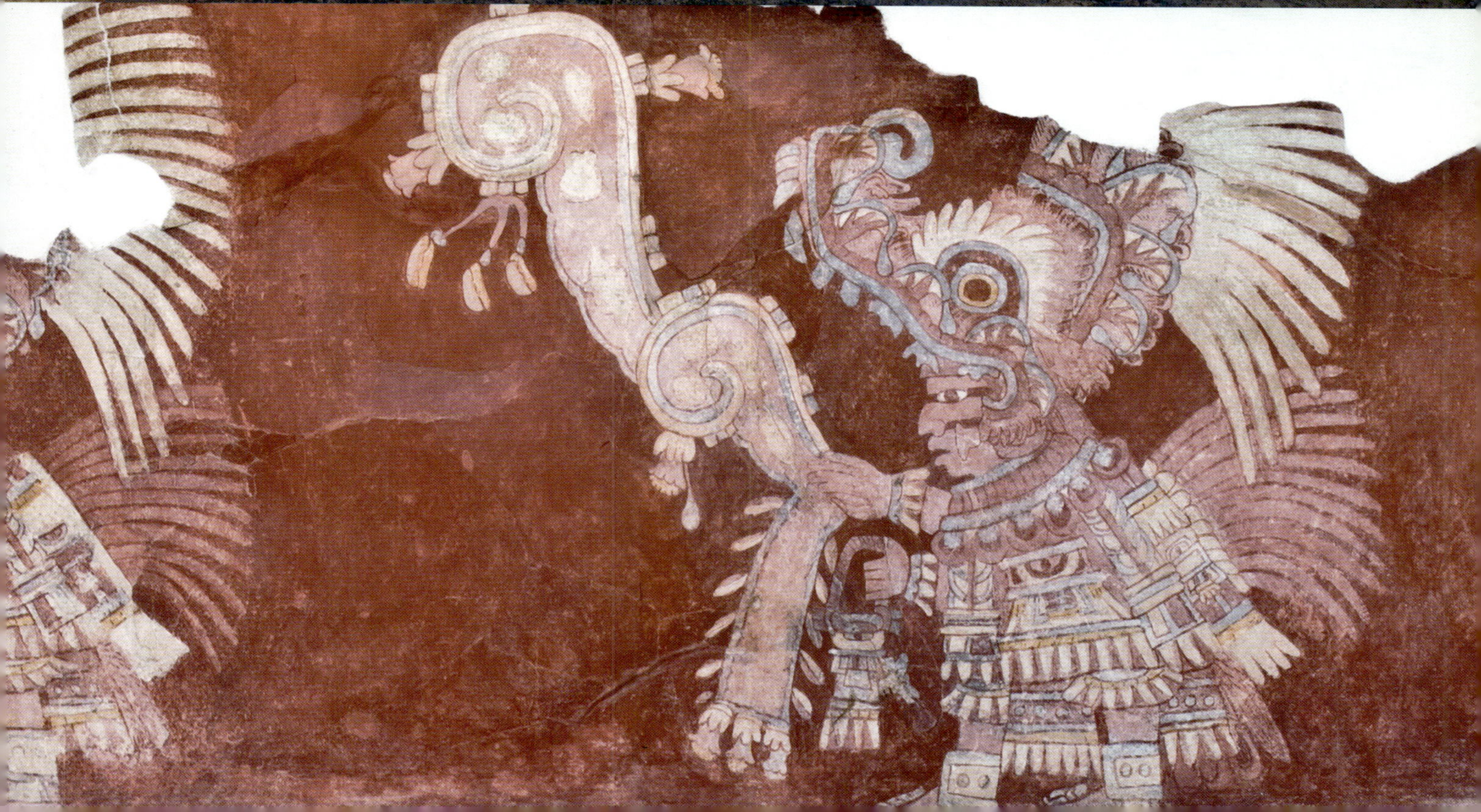

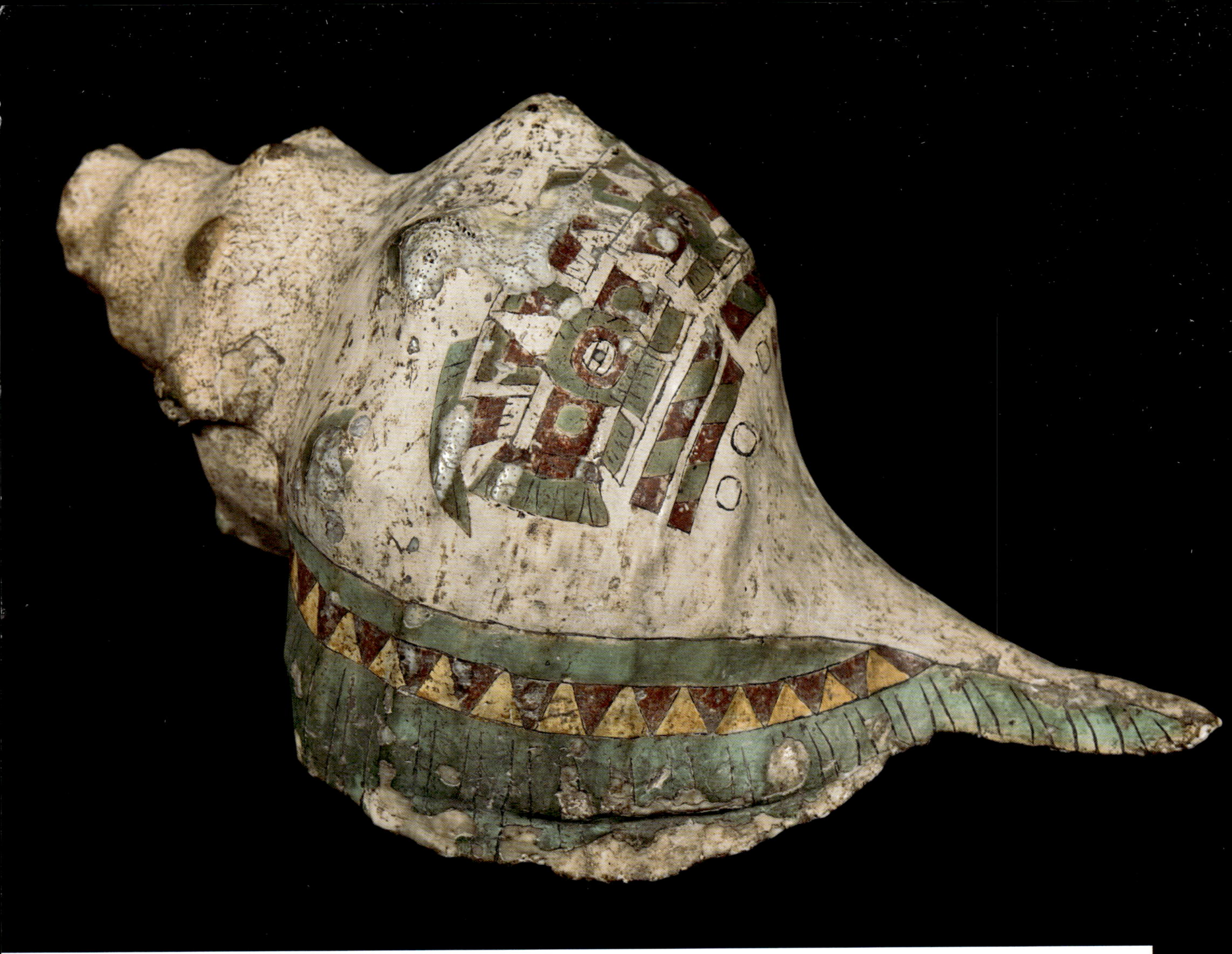

Un style à la fois sobre et puissant caractérise les sculptures de personnages en pierre et les masques. Empreints d'un réalisme épuré et d'une grande sérénité, ils sont réalisés en pierres très dures (diorite, serpentine, obsidienne) et parfois revêtus d'une mosaïque de turquoise – la couleur verte exprimant la renaissance et l'immortalité – et de nacre, les yeux incrustés de nacre ou d'obsidienne, les dents en coquillages. Les matériaux osseux humains et animaux ont également joué un rôle notable au sein de la société teotihuacane. À l'instar des coquilles de mollusques, ils ont servi à confectionner toutes sortes d'objets utilitaires, de prestige ou votifs qui ont été exhumés des différents dépôts-offrandes : broches, agrafes, boutons, pendentifs et incrustations.

Vie quotidienne et rituels

On retrouve l'obsidienne – noire, grise, verte et rougeâtre –, sous la forme d'instruments, d'armes, de parures ou d'objet rituels, dans tous les groupes sociaux, à la ville comme à la campagne. En raison de sa vaste diffusion spatiale et de la grande diversité des objets fabriqués, il apparaît que l'obsidienne a été un élément considérable de la vie quotidienne de la Cité des dieux et le contrôle de sa distribution a dû constituer une des fonctions parmi les plus importantes des institutions de l'État. La céramique est également d'une grande variété de formes, de décors et de techniques. Parmi les accessoires du culte, se distinguent de remarquables encensoirs destinés aux fumigations de copal que les prêtres offraient aux dieux devant les sanctuaires et dont on ne connaît pas deux pièces identiques (cf. double page suivante). Le motif principal, constitué d'un masque anthropomorphe à la coiffe imitant des plumes, est composé d'un riche décor polychrome réunissant une multitude d'éléments en céramique rapportés à motifs symboliques : papillons, oiseaux, fleurs, coquillages..., allusions à la vie qui doit renaître après la mort. Tous ces objets reflètent des styles de vie d'une époque glorieuse par sa richesse, son pouvoir et sa splendeur. ■

Ci-dessus :
Conque stuquée
Ces gros coquillages servaient de trompes.
Teotihuacan, 150-650 ap. J.-C.,
Pleuroploca gigantea,
stuc et pigments, 15 x 35,7 x 19,6 cm.

Page de droite :
Ornements d'oreilles
Teotihuacan, 250-550 ap. J.-C., pierre verte, Ø 7,2 cm, Puebla, musée Amparo.

Récipient, dit le « Pato Loco » (canard fou)
Le coquillage a occupé une place de choix à Teotihuacan.
En témoigne ce vase-effigie, rehaussé d'au moins quatre types de coquillages distincts.
Teotihuacan, La Ventilla, 150-550 ap. J.-C., céramique, pigments, coquillages et pierre verte, 23,2 x 24 x 35 cm.

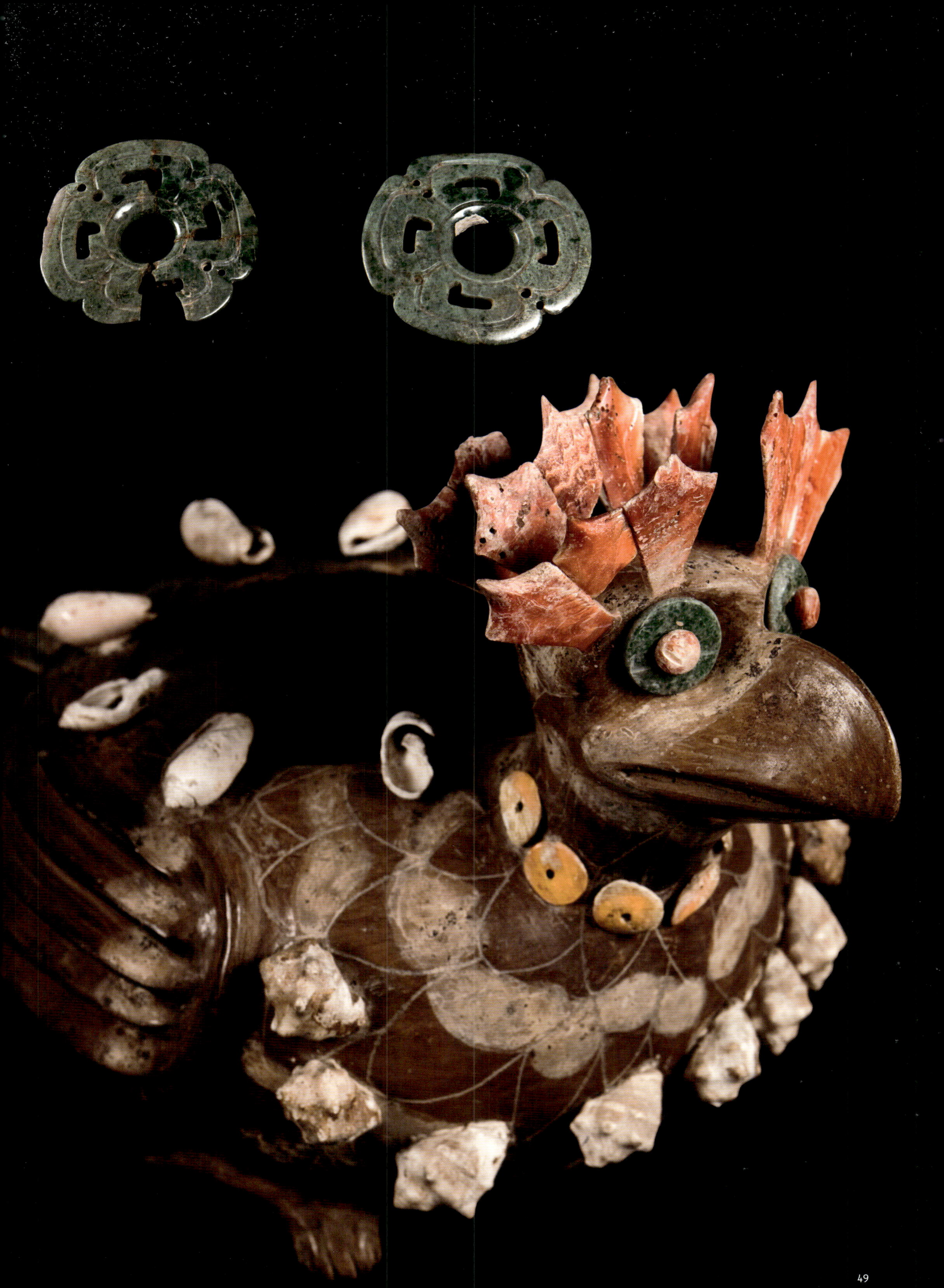

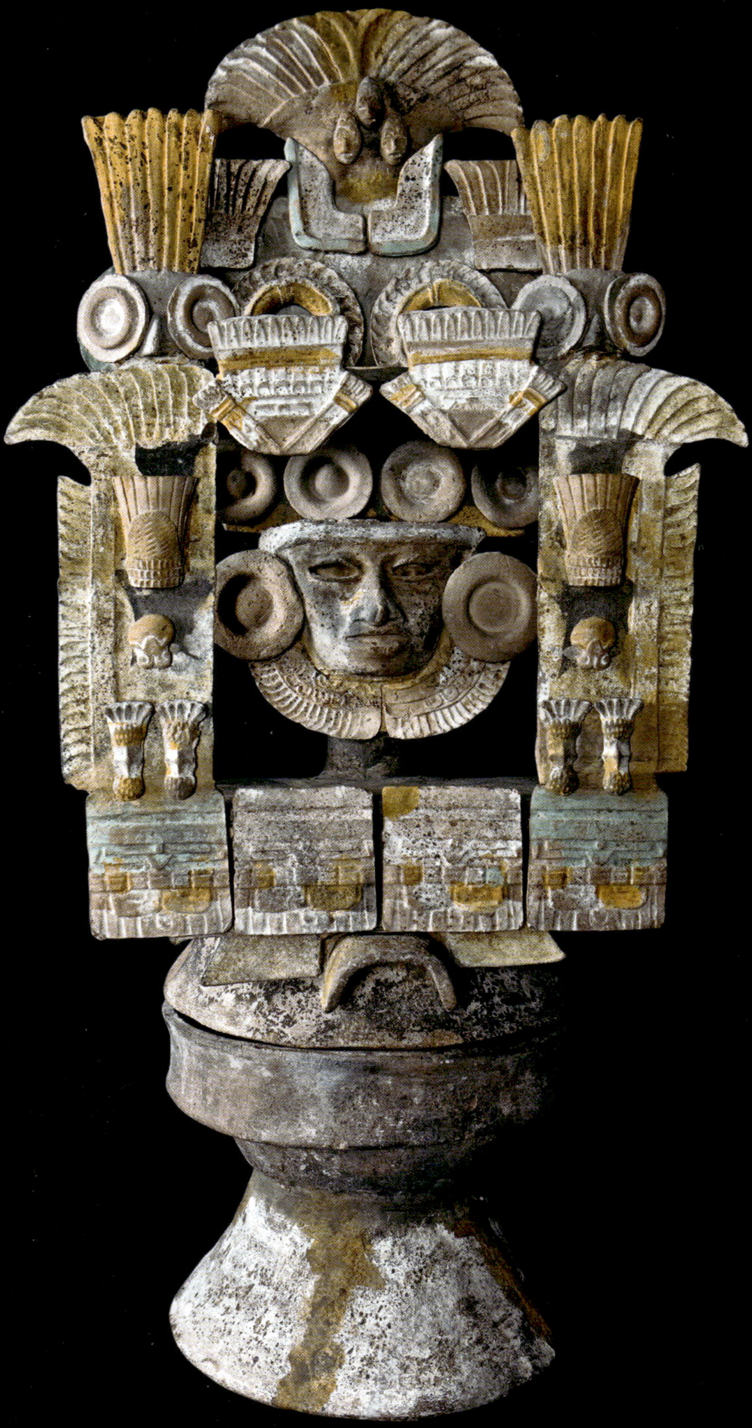

LES ENCENSOIRS

Au sein de la production céramique très variée de Teotihuacan, les encensoirs se distinguent par l'exubérance de leur structure et la volubilité de leur décor. Apparus au début de l'apogée de la cité, au IIIe siècle, on pense qu'ils étaient utilisés par les prêtres au cours des rituels comme instruments de purification. Ils sont composés d'un socle en forme de sablier sur lequel s'effectuait la combustion, surmonté d'un couvercle en hauteur qui porte le motif principal de l'objet (personnage ou maquette de temple) et dissimule une cheminée tubulaire à l'arrière. L'unicité du dispositif ne rime pas avec uniformité : on n'a pas retrouvé deux pièces semblables, et cela en dépit du fait que l'ensemble de cette production ait, semble-t-il, été élaboré au sein d'un atelier unique, dépendant des autorités de la cité. Toutefois, rares sont les encensoirs à avoir conservé leur riche décor de motifs appliqués et incrustés, souvent associé à la fertilité, comme on le voit dans les deux exemples ci-contre. Ils représentent sans doute des défunts, dont un guerrier en tenue d'apparat (page de droite) : le port du piercing nasal en forme d'ailes de papillon et des boucles d'oreilles évoquant les yeux de l'insecte, atteste qu'il a rejoint Tonacatepetl, le paradis de Tláloc et des valeureux. De facture plus modeste et d'un style plus tardif, le couvercle ci-dessous reprend l'iconographie traditionnelle du jaguar, gueule ouverte et babines retroussées. D. B.

Encensoir-Théâtre
Teotihuacan, 350-550 ap. J.-C., céramique, mica et pigments, 72 x 34,5 x 24,2 cm, Fundación Televisa.

Ci-contre :
Sommet d'encensoir Jaguar
Teotihuacan, zone II, 0-650 ap. J.-C., céramique, 17,5 x 33,7 x 34 cm.

Page de droite :
Couvercle d'encensoir avec guerrier
Teotihuacan, Oztoyahualco (secteur nord-ouest de la cité), 350-550 ap. J.-C., céramique, 41 x 33 cm, musée du site.

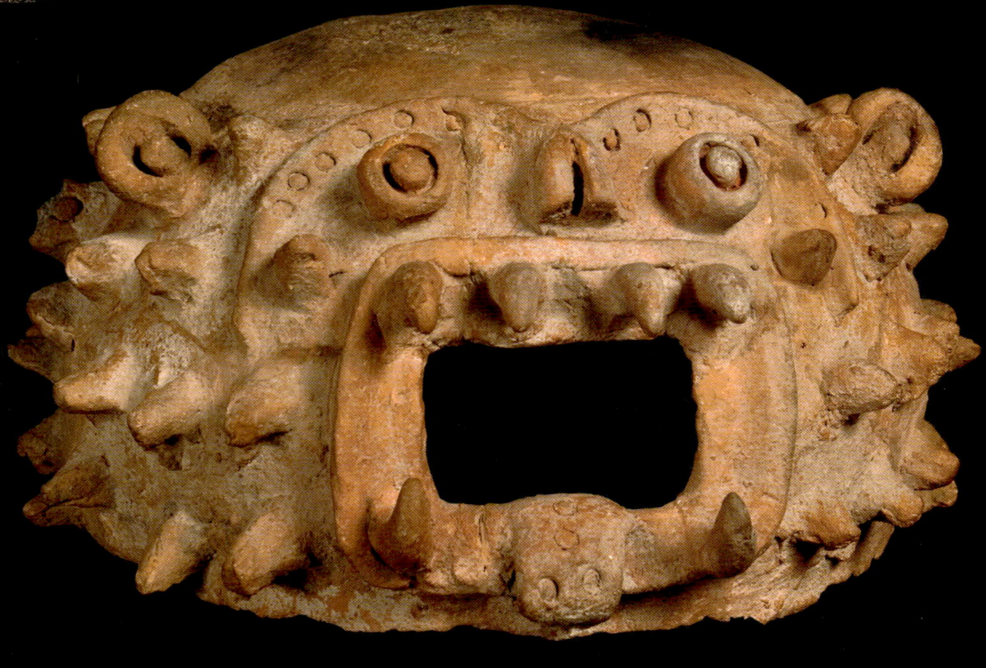

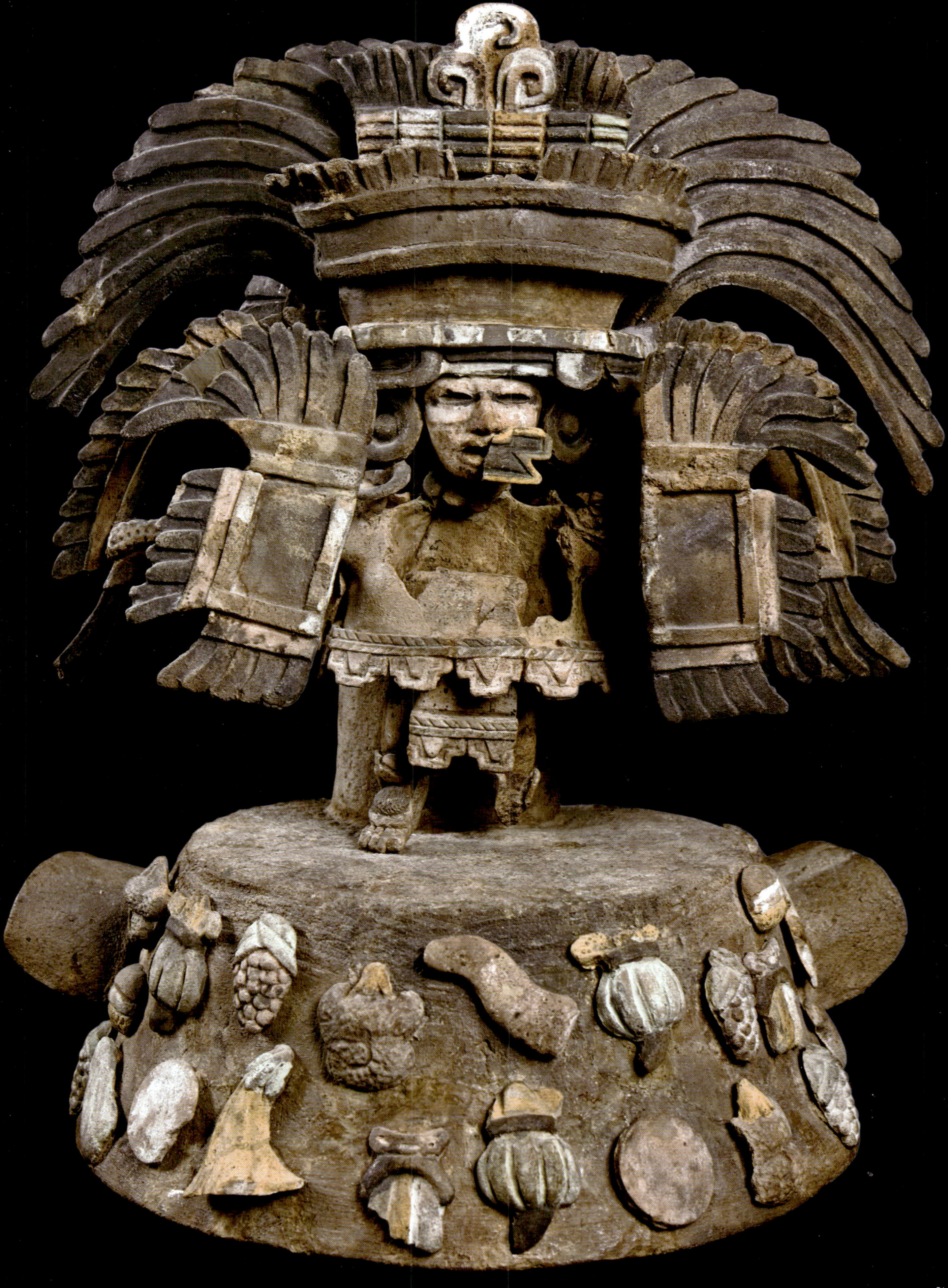

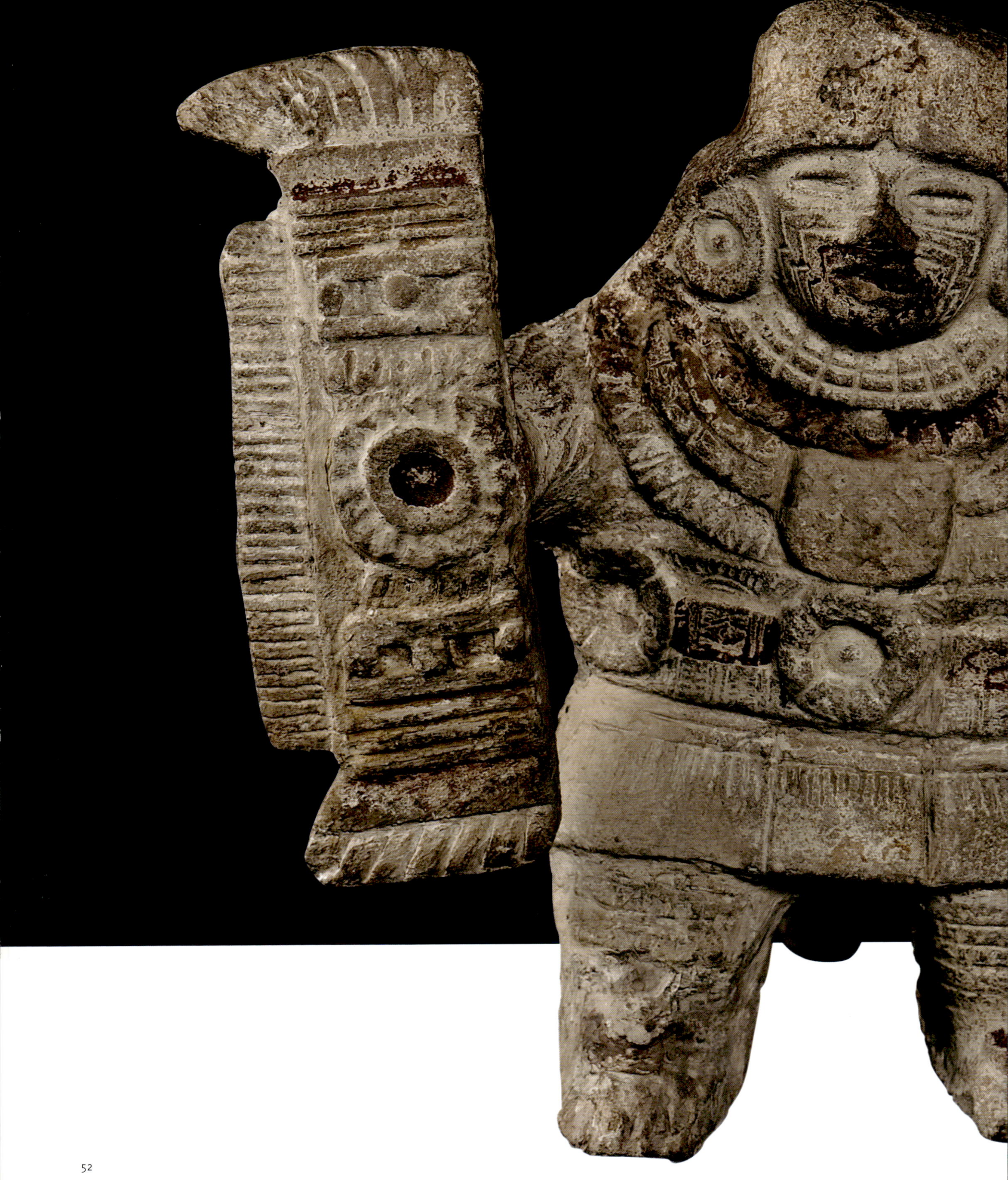

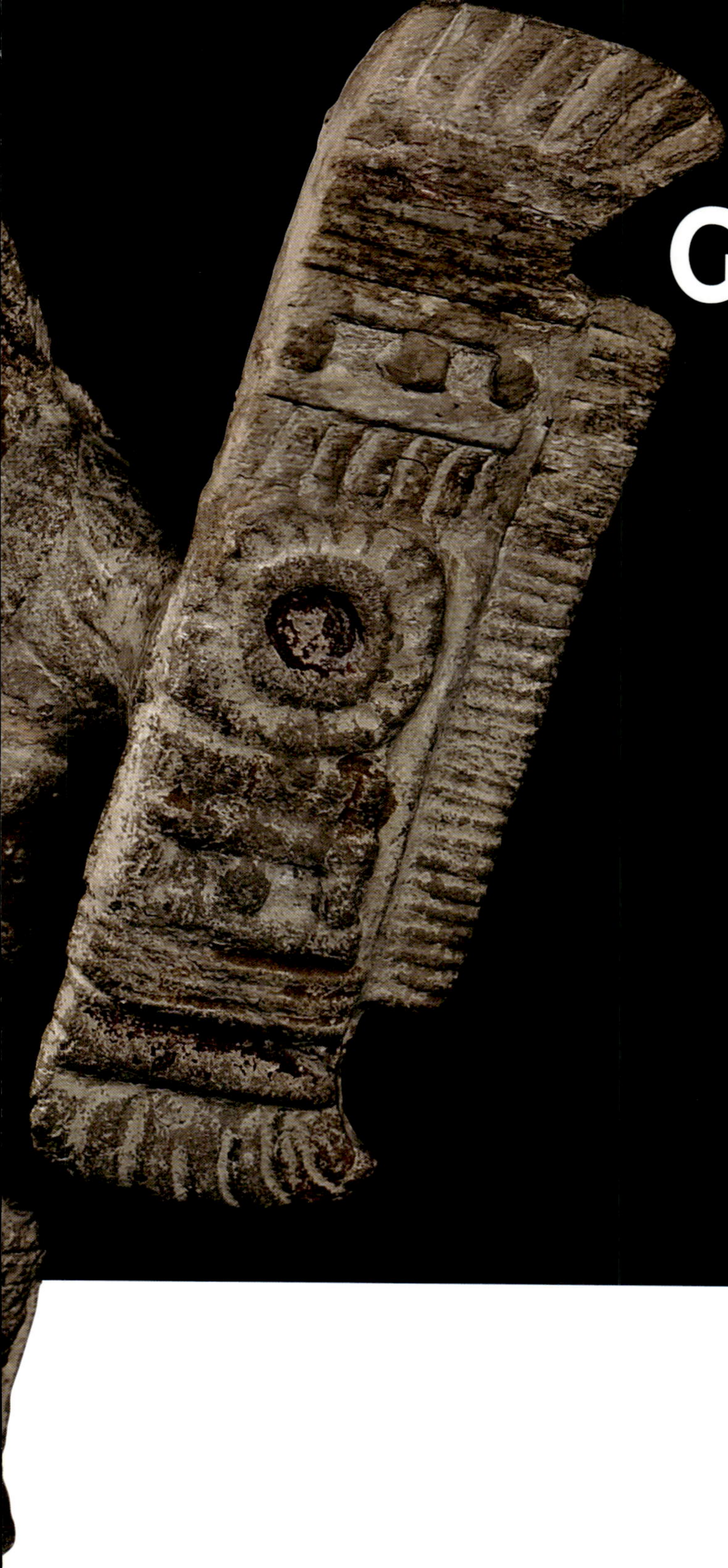

GOUVERNER la cité des dieux

Si l'on comprend mieux aujourd'hui comment a pu se construire le mythe de Teotihuacan, le mystère demeure quant à son organisation politique et aux raisons de sa disparition.

Par Dominique Blanc

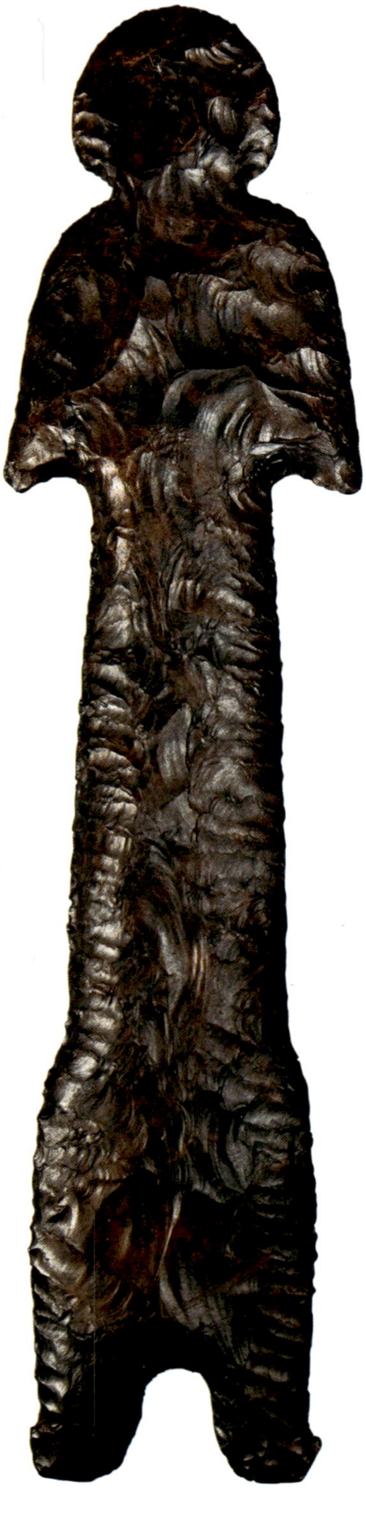
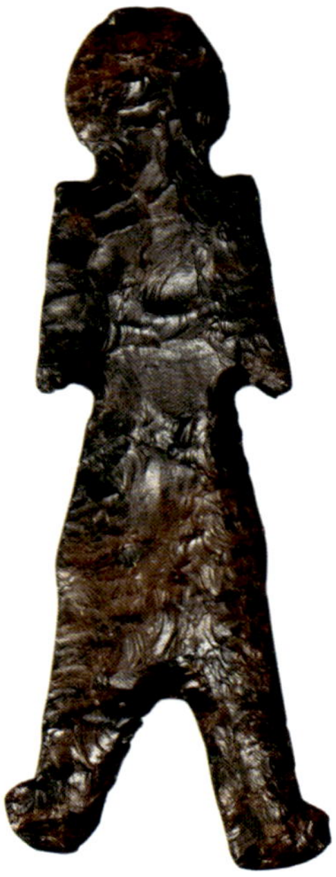
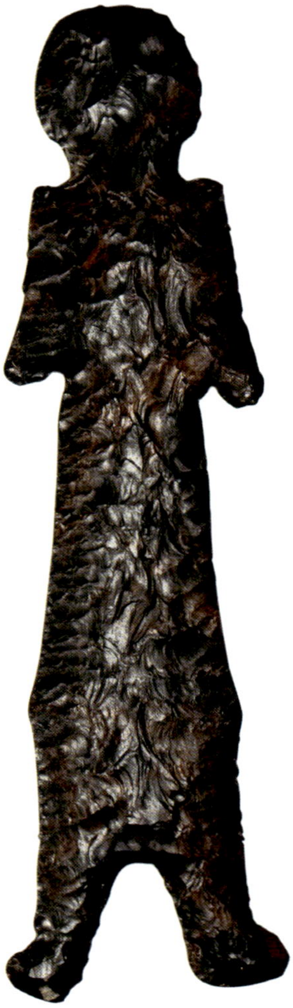

Figures anthropomorphes
Ces figurines ont été retrouvées dans les angles et au centre d'une fosse où se trouvaient douze individus masculins aux mains attachées derrière le dos, et dont dix avaient été décapités. On pense que les têtes, qui n'ont pas été retrouvées, avaient servi à une cérémonie distincte.
Teotihuacan, pyramide de la Lune, dépôt 6, vers 250 ap. J.-C., obsidienne rouge, 49,9, 21,8 et 33,8 cm, musée du site.

Ci-dessous :
Couteau en forme de serpent
Pyramide de la Lune, dépôt 6, 250 ap. J.-C., 7 x 39 x 1,5 cm, musée du site.

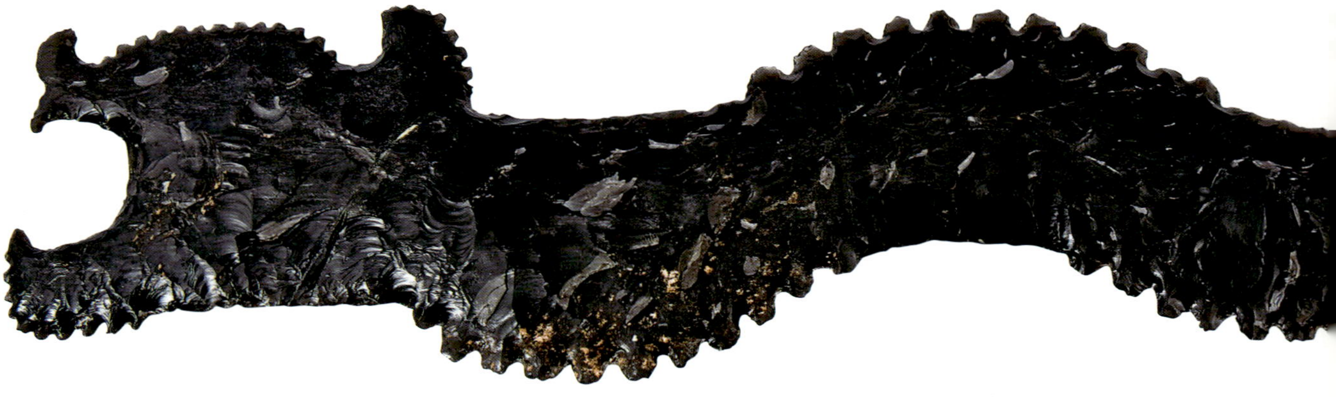

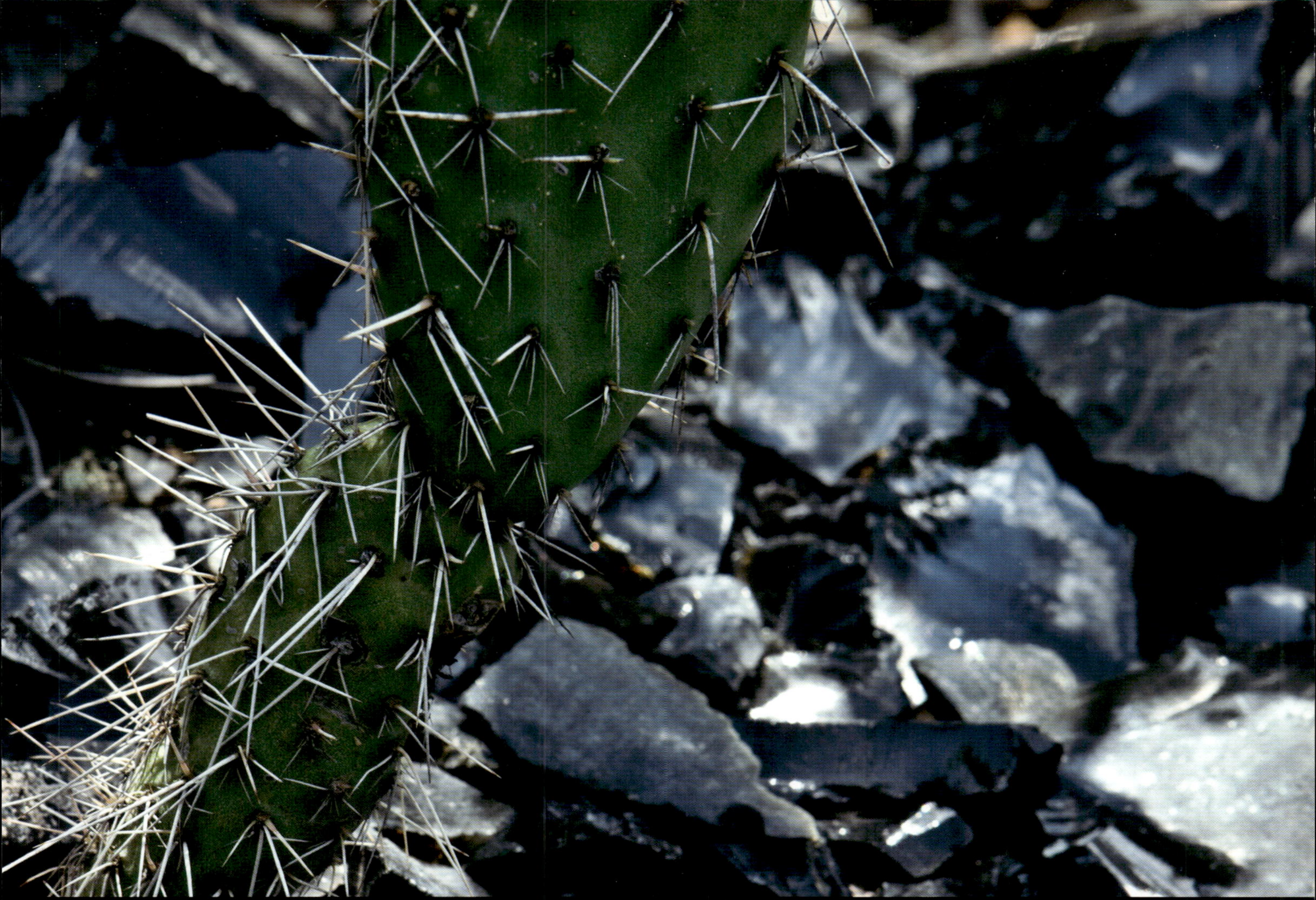

Double page précédente :
Figurine de guerrier
Teotihuacan,
150-650 ap. J.-C.,
céramique, stuc
et pigments,
14,8 x 17,7 x 8,5 cm.

Si les Aztèques, en découvrant la majesté de Teotihuacan abandonnée, ont pu formuler la légende d'une cité construite par les géants et les dieux, c'est que la dimension colossale du lieu exerçait, près de quinze siècles après sa conception, une si forte impression sur les imaginations qu'elle semblait autoriser tous les possibles. Sans doute, le geste éminemment politique du nouveau pouvoir aztèque – s'inscrire dans la généalogie d'une filiation divine pour asseoir sa légitimité – redoublait-il le dessein idéologique qui avait motivé la plannification de la cité par ses élites au Ier siècle avant notre ère et la construction de son premier temple, la pyramide du Soleil. Certes, l'érection d'un temple pyramidal dont la forme répondait à celle des montagnes environnantes, censée rappeler aux dieux les grottes et les monts sacrés où ils avaient vu le jour, n'était pas une « invention » des Teotihuacans. Bien avant eux, les Olmèques avaient érigé ce type de temple-montagne : une manière commune à toute la Mésoamérique de sacraliser un territoire en y dressant une structure en pierre à vocation cérémonielle.

La naissance d'un mythe

Dans le cas de Teotihuacan, la cité a choisi de convertir le surplus des revenus économiques générés par une agriculture prospère dans un bâtiment religieux d'une ampleur inédite. Ainsi naît le « mythe » Teotihuacan, qui la fit passer du statut de riche cité agricole (déjà vingt-cinq mille habitants au début de notre ère) à celui, unique, de « Cité des Dieux », investie d'une dimension symbolique supra-humaine. Les sacrifices d'hommes et d'animaux sacrés qui accompagnaient l'inauguration des bâtiments cultuels, les fêtes calendaires et les pèlerinages qui réunissaient des foules considérables sur ses places et ses immenses avenues, lui ont conféré une aura de spiritualité qui a dépassé les frontières du Mexique, pour

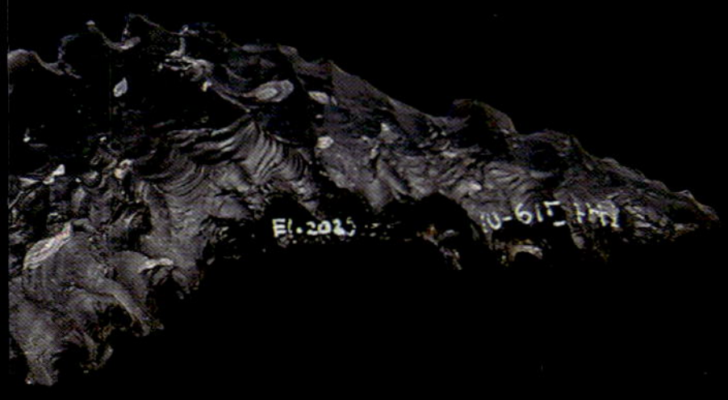

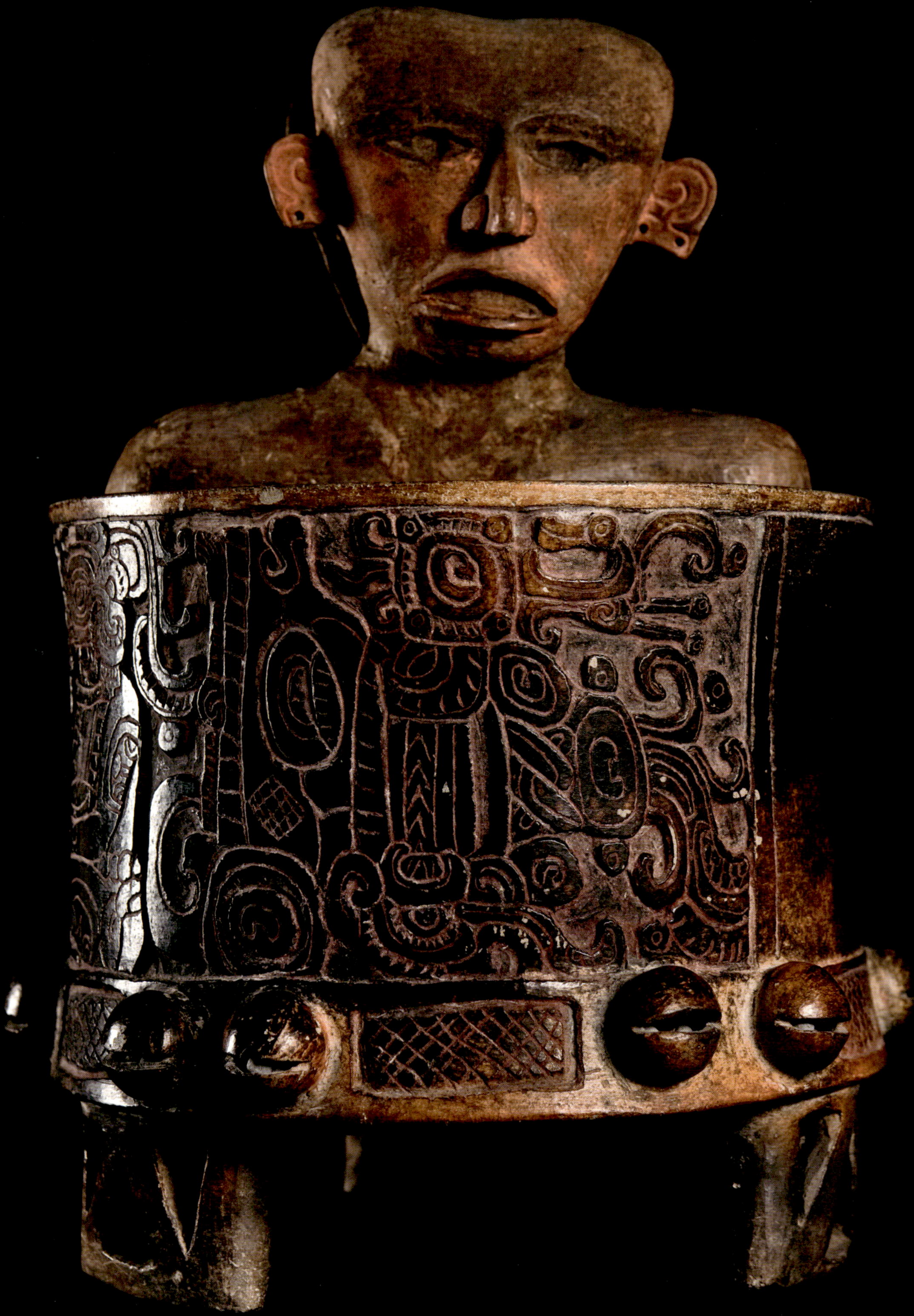

s'étendre jusqu'au Honduras, au Guatemala ou au Costa Rica – avec d'importantes conséquences sur l'économie locale. En cela, ce geste fut autant idéologique que religieux.
Si la nature du ou des pouvoirs qui se sont succédés à la tête de la cité au cours de ses huit siècles d'expansion représente la principale question non résolue concernant Teotihuacan, les spécialistes s'attachent aujourd'hui à interroger le lien entre le gouvernement de la cité et les rituels dont elle était le théâtre, comme un « nœud » de compréhension possible de son fonctionnement. C'est le thème choisi pour le colloque « Rituels et pouvoir à Teotihuacan » au musée du quai Branly, associé à l'exposition. Des passerelles existaient-elles entre l'organisation sociale et administrative de Teotihuacan et les rites du service des dieux auquel la cité s'était dédiée ? Il apparaît comme une évidence que la monumentalité des pyramides, régulièrement agrandies au fil du temps, dut être perçue comme un symbole éclatant de la puissance des élites de la ville autant que comme une offrande adressée à la bienveillance de ses dieux. Et qu'elles constituèrent une source de prospérité par leur pouvoir d'attraction et l'économie générée par des cérémonies pour lesquelles on se pressait en nombre et de loin. La renommée de Teotihuacan en tant que ville d'art et d'artisanat vient aussi de là.

Prospère et conquérante

En composant une sorte de chronique de la vie quotidienne et spirituelle de la cité, les peintures stuquées qui recouvraient entièrement les murs de pierre des principaux bâtiments et des « palais » (nom donné aux vastes unités d'habitation de prestige), déroulent en images des pans entiers de l'histoire de la ville. Certaines peintures des quartiers de Tetitla et de Tepantitla sont consacrées à l'agriculture ; elles décrivent l'irrigation des terres arables

Page de gauche :
Vase avec figurine gigogne
Cette pièce forme un assemblage unique : la figure gigogne, ainsi que la forme du vase est de style Teotihuacan, tandis que la décoration gravée est nettement maya. À l'intérieur de la figurine on a retrouvé des figurines de nobles et de guerriers, des petits bijoux en pierre verte et de minuscules applications en céramique évoquant des coquillages.
Becan, Campeche, 450-550 ap. J.-C., céramique, pigments, pierre verte, écuelle : 16,5 x 18 cm ; personnage : 22 x 16 cm, Mérida (Yucatán), musée régional Palacio Cantón.

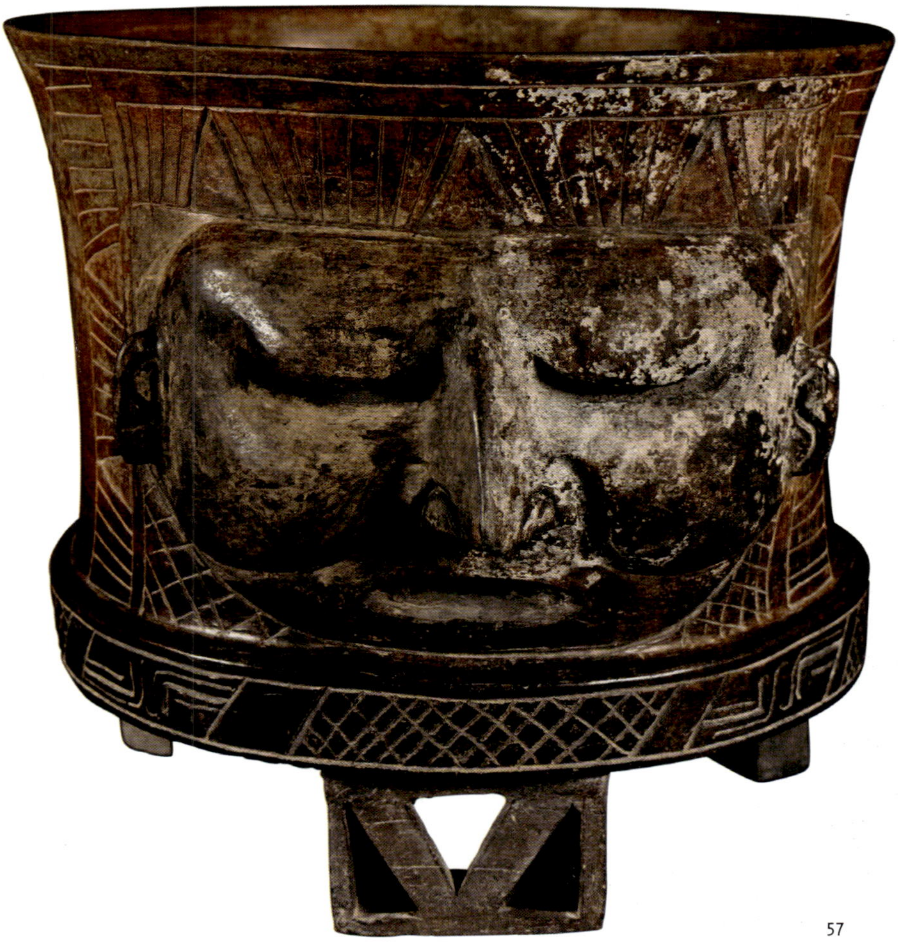

Ci-contre :
Vase tripode avec divinité
Le masque de ce personnage, surnommé le « Dieu joufflu », et qui semble sortir du vase, témoigne de la très haute technicité des maîtres potiers teotihuacans.
Teotihuacan, 350-550 ap. J.-C., céramique, 40 x 36 cm, musée du site.

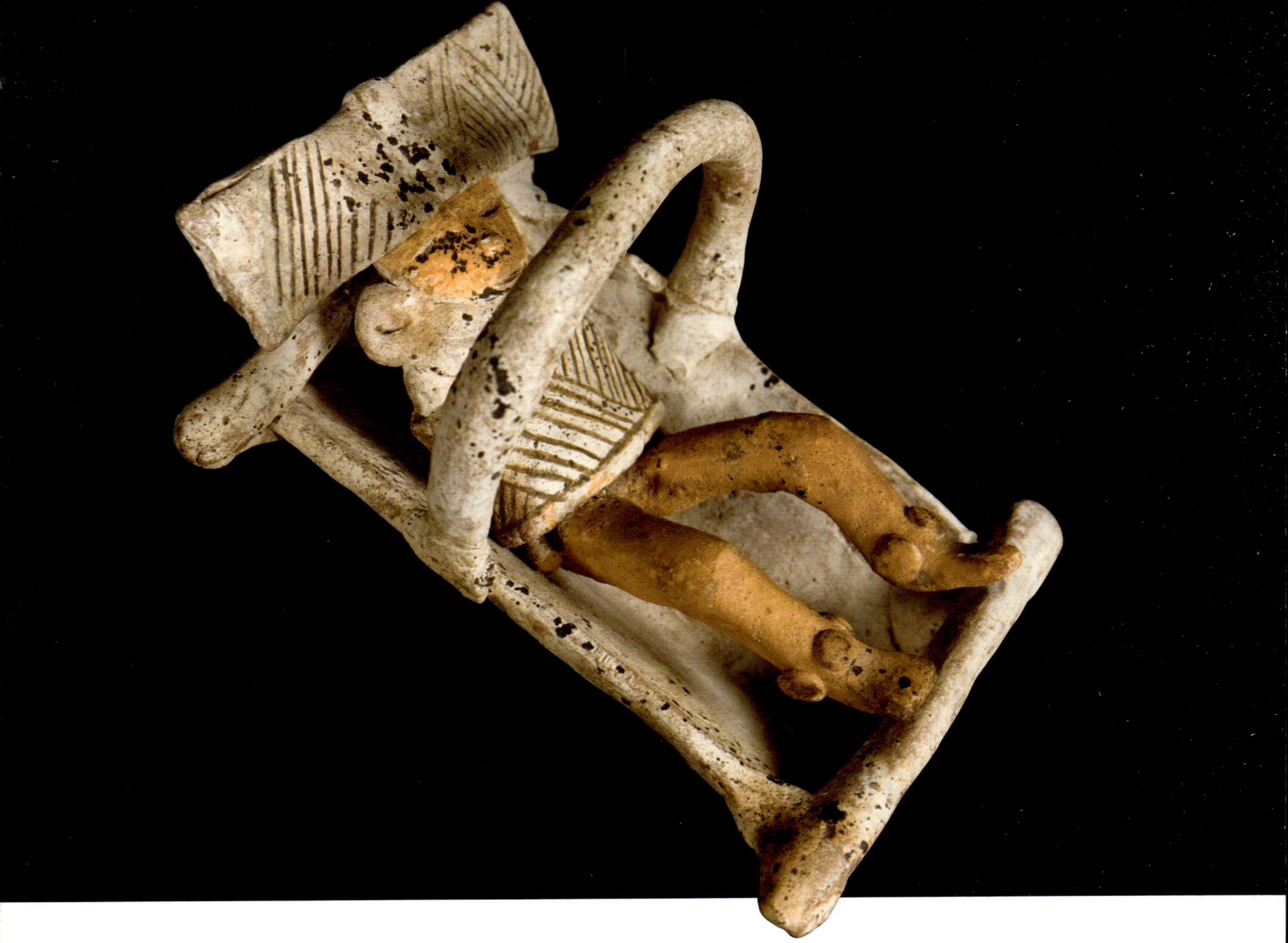

par un système de canaux hydrauliques et la générosité des récoltes de maïs, piments et primeurs qui en résulte. Teotihuacan, telle une corne d'abondance, attira dès le deuxième siècle avant notre ère les populations du bassin de Mexico vers cette partie de l'Altiplano. La multiplication des figures de guerriers en armes, bouclier au poing, en peinture comme en terre cuite (pp. 52-53), ouvre une seconde piste : Teotihuacan fut guerrière et conquérante. Sa situation privilégiée au cœur d'un vaste réseau d'échanges commerciaux, elle l'a consolidée par les armes. Dans son ouvrage, *La Méso-Amérique* (1999), Christian Duverger émet l'hypothèse selon laquelle ce que l'on décrit généralement comme des circuits d'échanges commerciaux sur de longues distances, portant sur des matières précieuses telles que les peaux de félins, les plumes d'oiseaux tropicaux, le jade, la nacre ou l'obsidienne, aurait pu correspondre à un système de tributs ou de compensation entre vainqueurs et vaincus, ou à une forme de vassalité.

Au sein de ce système de troc, Teotihuacan contrôlait au moins deux productions essentielles. L'obsidienne, au premier chef, grâce à ses gisements d'Otumba et de Las Navajas : cette pierre volcanique très dure était indispensable à la confection des outils dans une région qui ignorait l'usage du métal, mais elle servait aussi à sculpter les couteaux sacrificiels et entrait dans la fabrication de nombreux objets précieux constitués en offrandes cérémonielles. Les fouilles récentes de la pyramide de la Lune ont livré notamment plusieurs statuettes de grande qualité, dont l'une, exceptionnelle, en mosaïque de pierre verte, a été retrouvée au cœur d'un dispositif rayonnant de couteaux et de « serpents » en obsidienne (p. 14) dans le dépôt funéraire n° 6. Une allusion doublement symbolique : à la guerre et au sacrifice d'un côté, à la pluie et à la fertilité de l'autre. À Teotihuacan, les référents sont très nombreux à présenter cette double signification, qui donne les clefs de son extraordinaire expansion. À côté de l'obsidienne, de son extraction et de ses différents circuits

Ci-dessus :
Figurine d'enfant dans un berceau
autoroute Mexico-Tuxpan, est de Teotihuacan, 250-550 ap. J.-C., céramique et pigments, berceau : 19 x 13,5 x 10,5 cm ; enfant : 13,8 x 9 cm, musée du site.

Page de droite :
Porteur de jarres
Teotihuacan, 200-350 ap. J.-C., céramique, stuc, coquillages et ardoise, 13,8 x 12,3 x 11,8 cm.

Vase avec décor stuqué et peint
550-650 ap. J.-C., céramique, stuc et pigments, 22,5 x 21 cm.

Vase zoomorphe,
Les céramiques livrent quelques instantanés particulièrement vivants de la vie quotidienne à Teotihuacan. Ainsi, ce chien au repos, mais les oreilles en alerte, représente une espèce de canidé indigène dont la principale caractéristique est d'être sans poils.
Teotihuacan, 350-550 ap. J.-C., céramique, 40,5 x 20,2 x 16,6 cm.

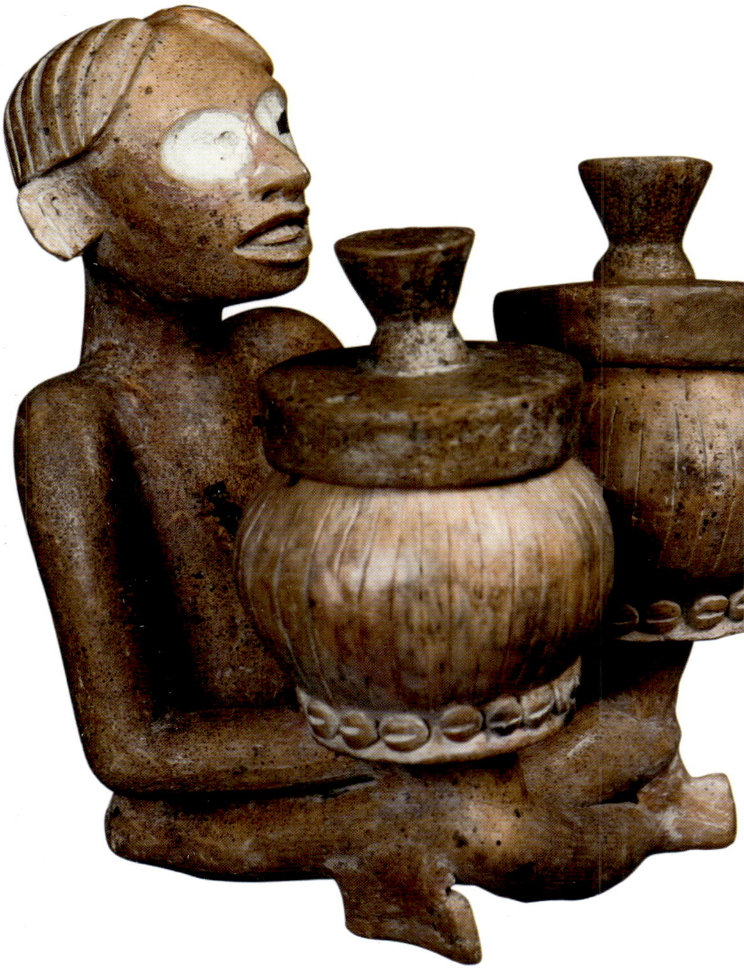

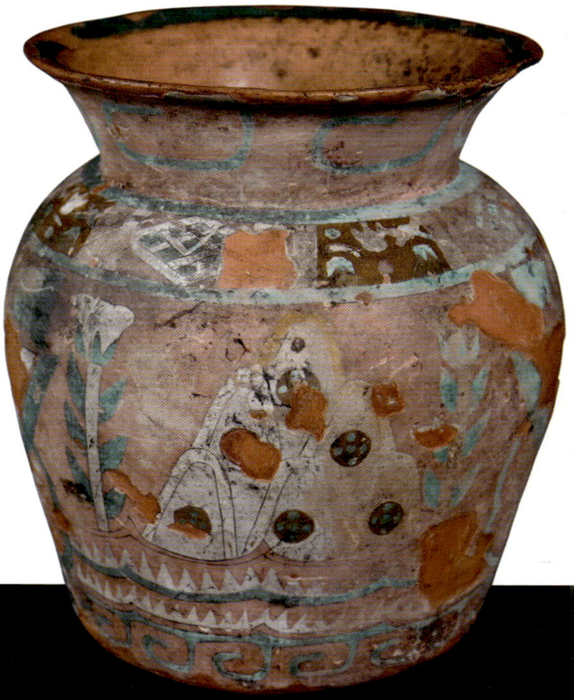

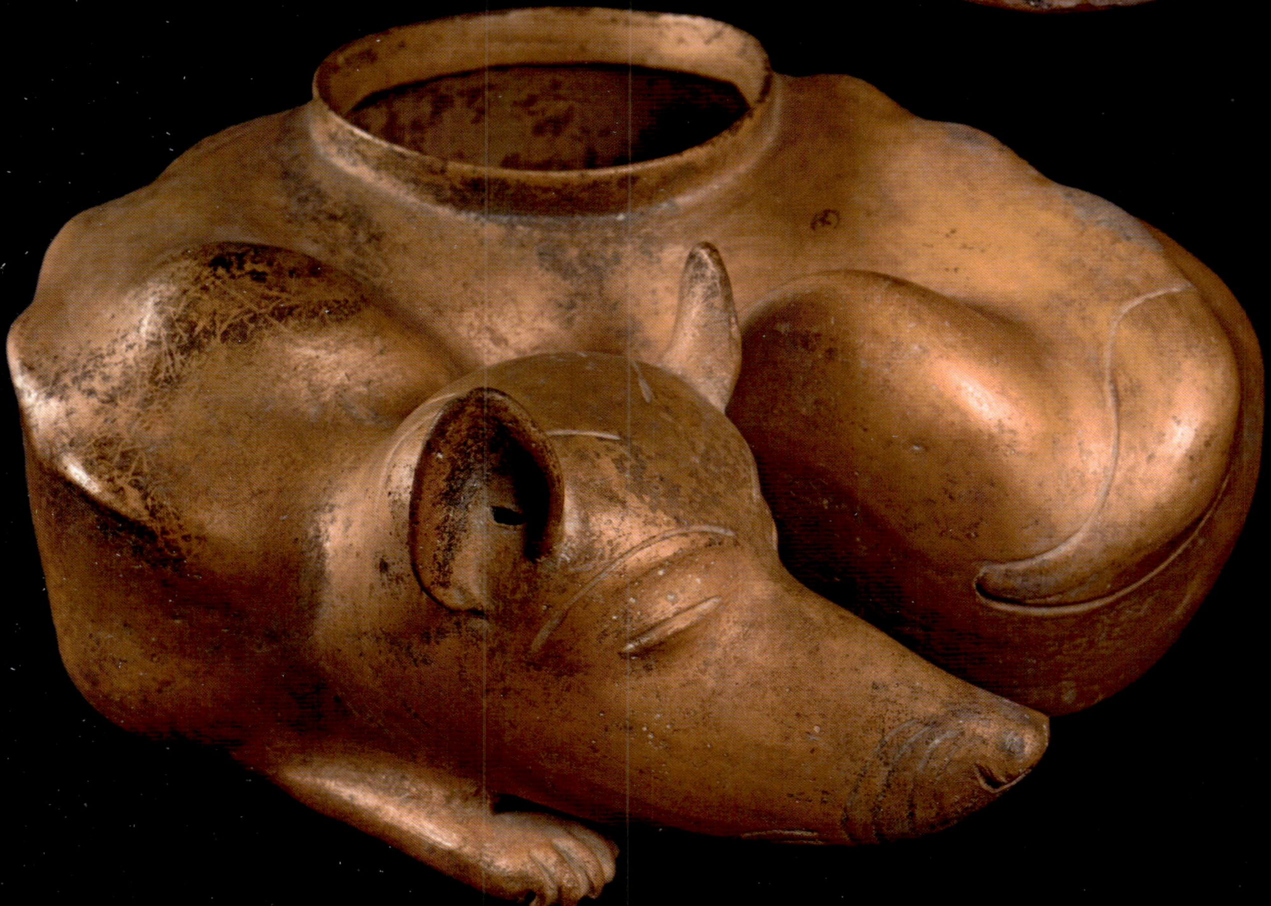

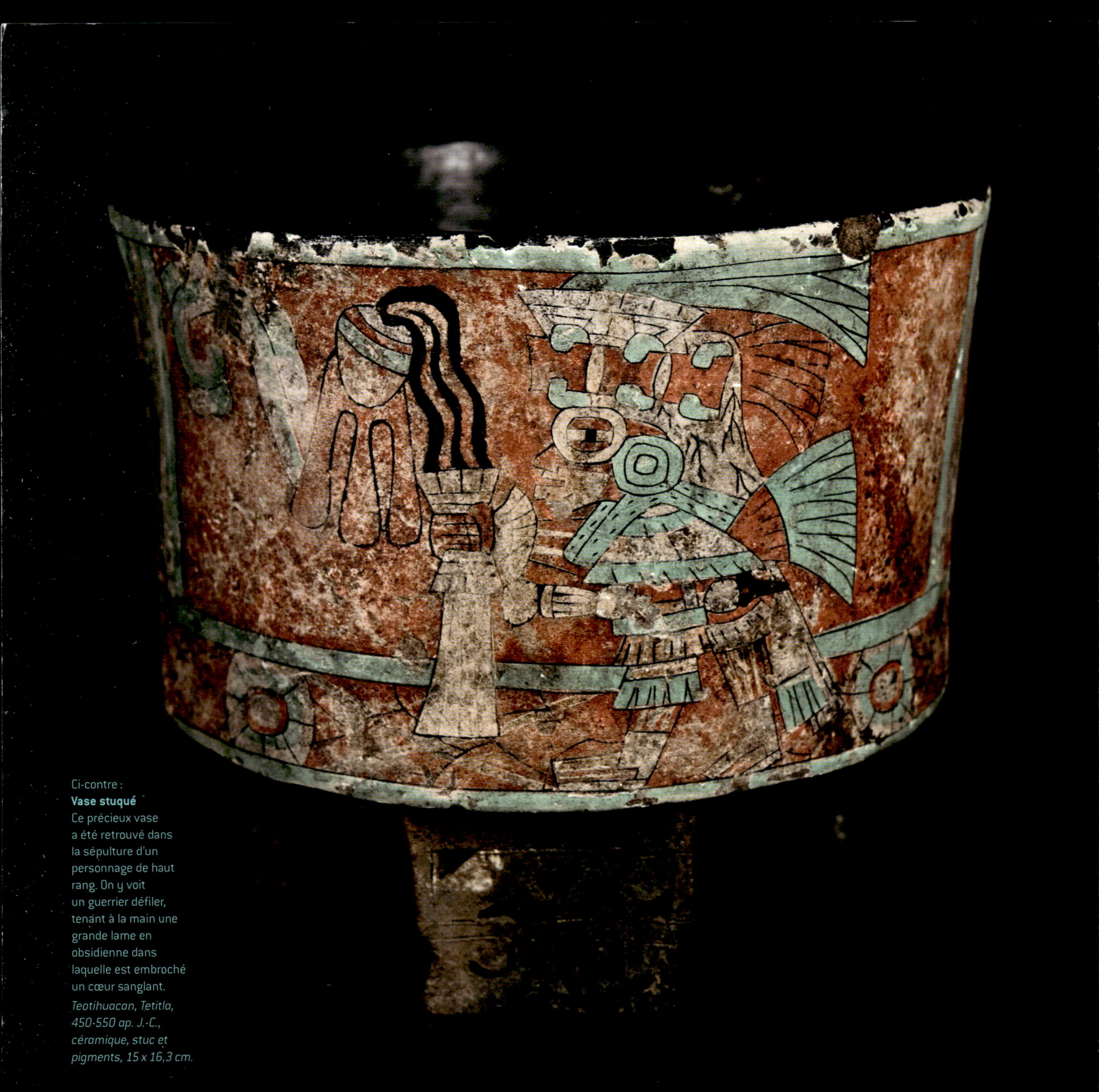

Ci-contre :
Vase stuqué
Ce précieux vase a été retrouvé dans la sépulture d'un personnage de haut rang. On y voit un guerrier défiler, tenant à la main une grande lame en obsidienne dans laquelle est embroché un cœur sanglant.
Teotihuacan, Tetitla, 450-550 ap. J.-C., céramique, stuc et pigments, 15 x 16,3 cm.

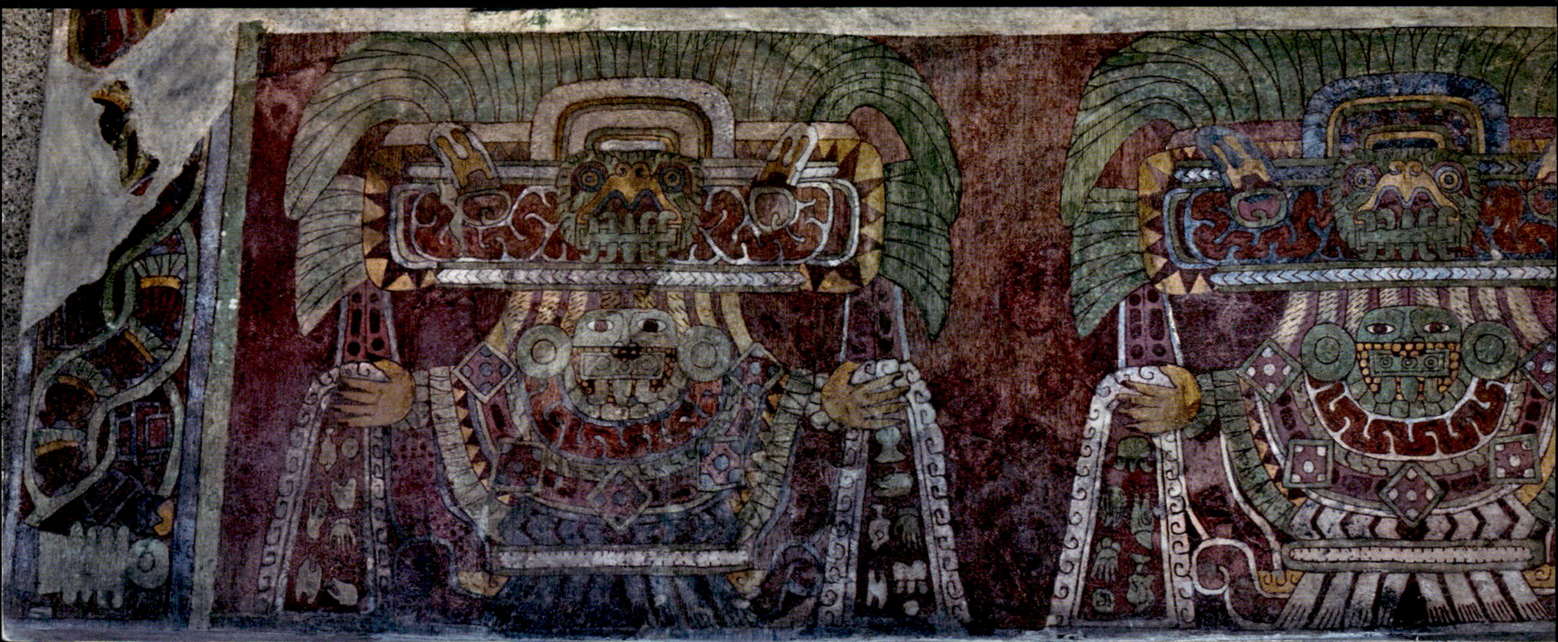

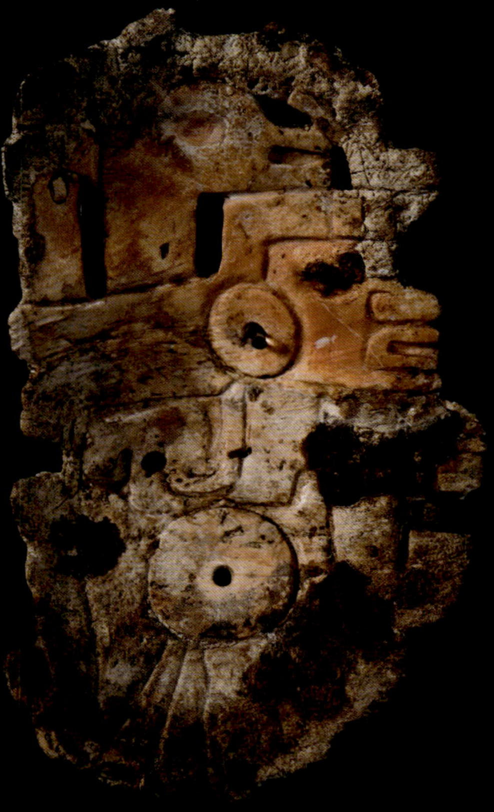

Ci-dessous :
Palais de Tetitla
peinture murale.
Ce personnage porte des ornements d'oreille et de nez (sur lequel figure l'emblème du dieu de l'Orage) et un collier de perles en pierre verte. De ses mains semblent tomber des flux d'eau contenant des coquillages et des objets en pierre verte.

Ci-dessus :
Valve taillée
Ce pendentif, taillé dans une valve de *Spondylus*, représente un personnage vu de profil qui porte un ornement d'oreille circulaire et une coiffe zoomorphe.
Teotihuacan, pyramide de la Lune, dépôt 6, vers 250 ap. J.-C., coquillage, 12 x 7 cm, musée du site.

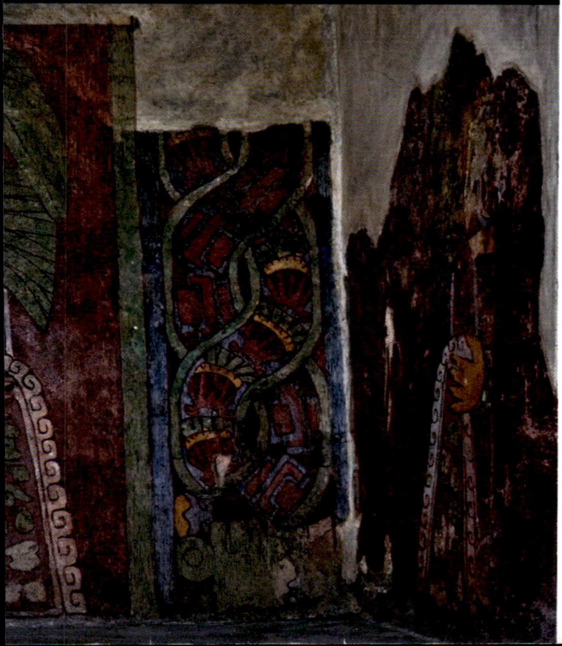

de transformation et de diffusion, la céramique Orange fine fut un autre marqueur de la civilisation de Teotihuacan. Fabriqués essentiellement entre 200 et 350, les vases, les poteries et les statuettes réalisés dans ce matériau comptaient parmi les produits de luxe sortis des multiples ateliers d'art et d'artisanat répartis dans différents quartiers spécialisés, où s'exerçaient les savoir-faire traditionnels de plusieurs peuples étrangers à la ville – les Zapotèques et les Totonaques en particulier. Les parures issues de la taille des coquillages et des pierres dures ou semi-précieuses, les vêtements incrustées de ces matériaux très prisés, les vertigineuses coiffures de plumes, dont celles bleues-vertes du quetzal, un oiseau rare des Tropiques, tous ces éléments qui contribuaient à définir l'apparence de l'élite (pp. 64-65), on les retrouve sur les peintures murales : ainsi de la double effigie de prêtre que l'on voit sur le mur d'un patio dans l'une des unités d'habitation exhumées par les archéologues dans l'ensemble d'habitations de Tetitla (pp. 60-61).

Nature et insignes du pouvoir

Aucune représentation de sacrifices humains à Teotihuacan, même si, selon Christian Duverger, « *le sacrifice est, à Teotihuacan, obsessionnellement présent dans l'iconographie symbolique* ». Aucune présence d'un « dominant » qui se distinguerait des autres par des insignes spécifiques. Pendant un temps, on a cru que Teotihuacan était une exception en Mésoamérique : une société égalitariste et pacifiste où le sang ne coulait pas. Les découvertes archéologiques du début du XXIe siècle ont définitivement infirmé cette croyance. Le quadrillage régulier des quartiers, la volonté d'homogénéisation de l'orientation et du style des bâtiments de pierre, plus larges que hauts, édifiés sur le modèle du *talud-tablero*, la rationalisation d'un espace urbain pensé comme une réplique du cosmos ont fait évoquer ensuite une organisation de type théocratico-militariste, commune à nombre de sociétés mésoaméricaines. Néanmoins, les fouilles avancées du quartier zapotèque, à l'ouest de la ville, ont démontré qu'à travers les rituels d'inhumation et la production d'objets spécifiques les particularismes allogènes avaient pu se maintenir dans la cité, ce qui semble a priori peu compatible avec l'exercice d'un pouvoir autoritaire et coercitif.
Le cosmopolitisme, la vitalité artistique, le dynamisme économique et commercial qui ont soutenu l'expansion continue de Teotihuacan se sont-ils épanouis sous le joug d'une théocratie, d'une monarchie ou d'une tétrarchie, dans le cadre d'un pouvoir collégial réparti entre les délégués des différents quartiers comme semble l'indiquer Miguel Angel Baez Perez dans son entretien (pp. 5-13) ? Une partie de la réponse se situe probablement dans le quartier de la Citadelle (160 000 m^2 au centre de Teotihuacan) et dans le « palais » Xalla, ce complexe situé entre les pyramides de la Lune et du Soleil, où étaient entreposées et administrées les productions les plus précieuses de la cité, en particulier celles qui intervenaient dans les rituels. Administrées oui, mais par qui ? Le pouvoir était-il divisé entre prêtres et guerriers d'un côté, formant des castes séparées, possédant leurs attributs – les fastueuses coiffes en plumes de quetzal pour les premiers, les colliers de mâchoires humaines ou de canidés pour les seconds (p. 67) – et gestionnaires et administratifs de l'autre ? Les trônes accueillant des personnages richement parés ou les animaux divinisés, tel le jaguar, ont été également interprétés comme des insignes de pouvoir, sans que l'on puisse présumer de la nature de celui-ci.
La puissance et le rayonnement de Teotihuacan à l'époque classique ont-elles été de nature politique, au sens où nous l'entendons aujourd'hui ? La mise en avant de valeurs impersonnelles et collectives, la pensée cosmogonique qui a dirigé sa conception, la volonté de mettre au monde une ville dont le pouls soit en résonnance constante avec le battement de l'univers entier et le désir d'entretenir cette symbiose par des constructions grandioses sanctifiées par des sacrifices de sang, tout cela semble indiquer une ambition d'une autre échelle. Le « mystère », intact, de Teotihuacan tient tout entier dans la hauteur de cette respiration métaphysique. ■

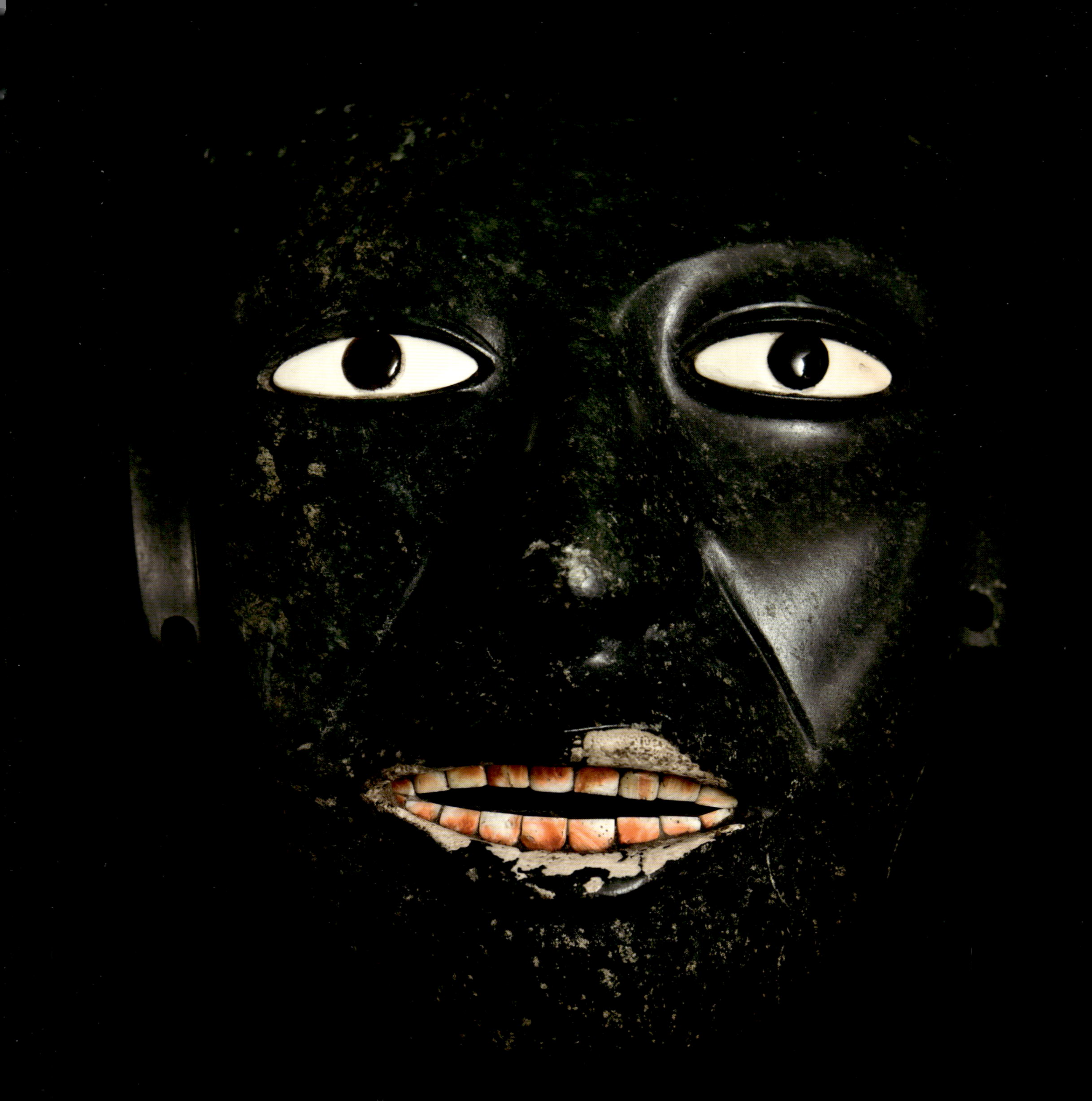

MASQUES

De toutes les cités de Mésoamérique, Teotihuacan est celle qui a produit et diffusé le plus grand nombre de masques, que l'on trouve fréquemment reproduits sur les fresques de la cité. Les spécialistes ne s'en interrogent pas moins sur leur fonction. Trop lourds pour être portés, dénués d'ouverture et retrouvés sans aucune trace d'usure ou d'usage, certains ont pensé que ces masques de pierre jouaient un rôle dans les rites d'inhumation, à titre d'offrande ou comme substitut du visage, venant couronner le paquet funéraire dans lequel les défunts aisés auraient pu être ensevelis : une coutume très répandue dans les Andes mais peu pratiquée en Mésoamérique. Jusqu'ici seuls quatre masques de pierre ont été exhumés à Teotihuacan même, dont trois sur des sites à vocation admnistrative. L'hypothèse a été émise que, dans ce type de bâtiments, les palais ou les temples, ces témoignages de l'art de Teotihuacan à son sommet auraient pu couronner des sortes de « mannequins » de bois, habillés de tissus, dont il n'est rien resté. Ces deux masques ont été exhumés l'un sur le site du Templo Mayor aztèque, au cœur de Mexico (ci-dessus), l'autre dans un contexte funéraire, dans l'État de Guerrero (page de droite). Tous deux témoignent de ce que l'homogénéité du modèle suivi – un visage idéalisé et épuré, à quoi l'on reconnaît le style de Teotihuacan – n'empêchait pas une réelle liberté dans l'exécution. D. B.

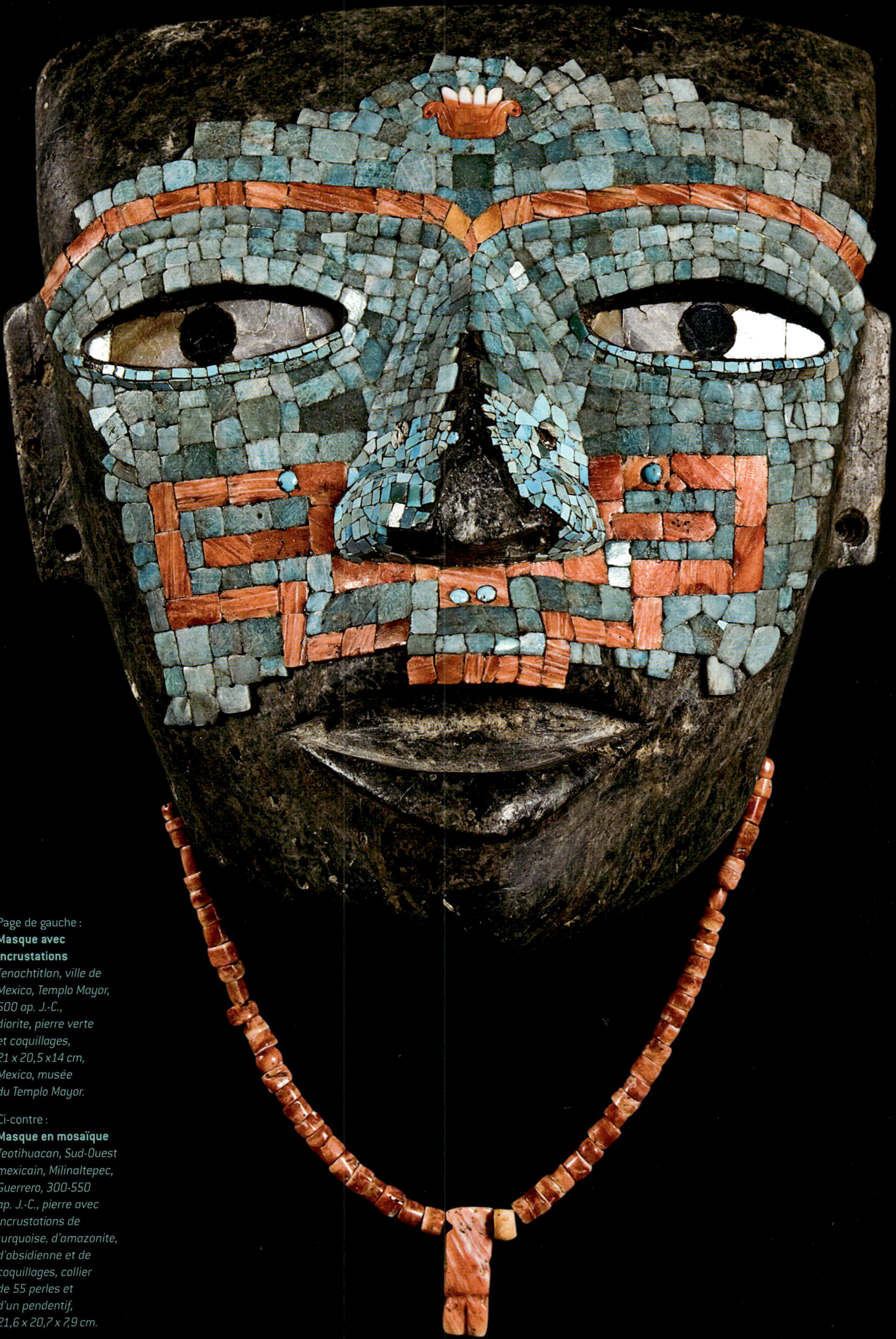

Page de gauche :
Masque avec incrustations
Tenochtitlan, ville de Mexico, Templo Mayor, 500 ap. J.-C., diorite, pierre verte et coquillages, 21 x 20,5 x 14 cm, Mexico, musée du Templo Mayor.

Ci-contre :
Masque en mosaïque
Teotihuacan, Sud-Ouest mexicain, Milinaltepec, Guerrero, 300-550 ap. J.-C., pierre avec incrustations de turquoise, d'amazonite, d'obsidienne et de coquillages, collier de 55 perles et d'un pendentif, 21,6 x 20,7 x 7,9 cm.

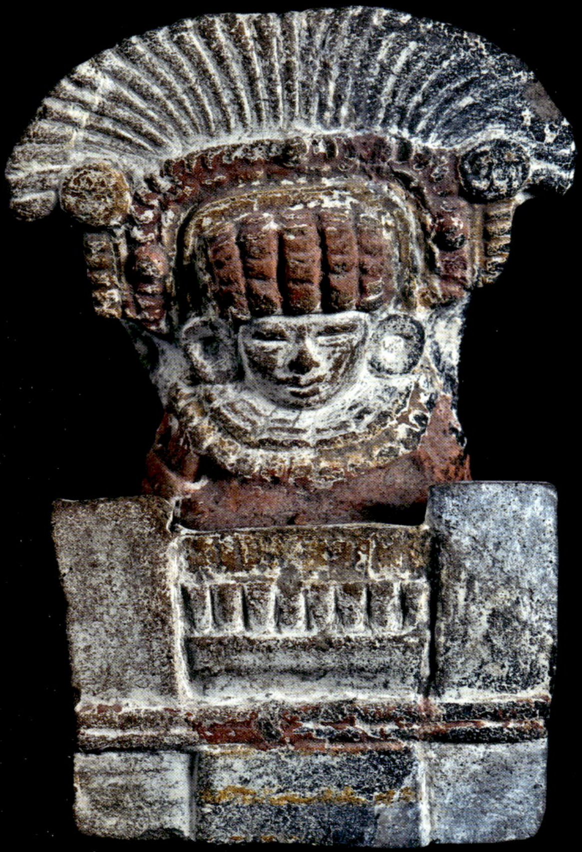

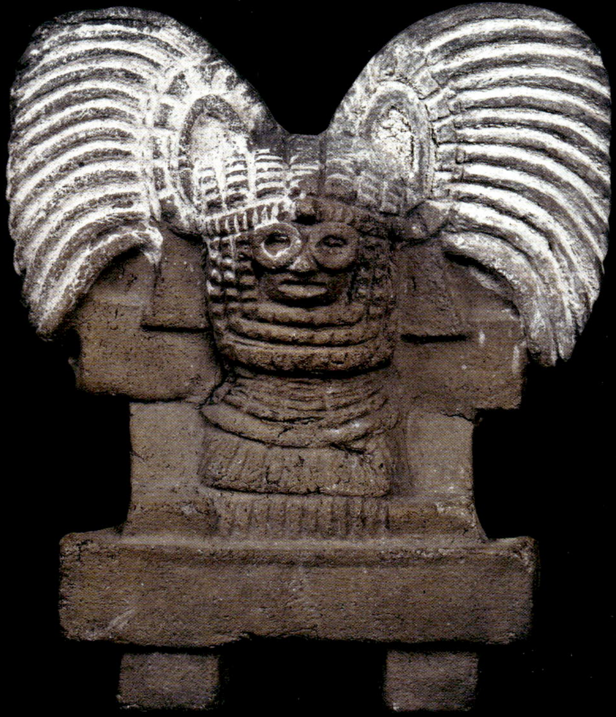

HOMMES ET FEMMES DE TEOTIHUACAN

Même si l'image d'un souverain tout puissant est absente de l'iconographie de Teotihuacan, la hiérarchie sociale se révèle dans l'apparence vestimentaire, la parure et la coiffure, ainsi que dans les accessoires et les postures. Et c'est la céramique, polychrome le plus souvent, qui restitue avec plus ou moins de complexité et de vivacité « l'allure » des hommes et des femmes qui faisaient vivre au quotidien la Cité des dieux. Assis sur un trône, dans la position du lotus, couronnés d'une haute coiffure de plumes, le torse ceint de multiples rangs de perles : ce sont les hauts dignitaires de Teotihuacan (ci-dessus). L'élite aisée des gestionnaires et des marchands se signale dans la céramique Orange mince de la collection Diego Rivera (page de droite, en haut) par un corps aux formes opulentes et les deux cercles joints qui ornent le front *(chalchuihuites)* comme des lunettes de motard. Dans un format plus réduit, la gent féminine, soigneusement vêtue d'une cape-blouse *(quechquemitl)*, vaque à ses occupations sous de vastes coiffes (page de droite, au milieu). Un insigne – parfois amovible sur les statues – connote la distinction sociale (en bas à gauche). Enfin, le joueur de balle (en bas au centre), reconnaissable à sa ceinture de protection et à ses genouillères, n'a pas quitté pour la circonstance ses luxueux pendants d'oreilles et son pectoral composé de deux disques assemblés.

D. B.

Ci-dessus :
Figurine anthropomorphe sur un trône
Teotihuacan, 450-650 ap. J.-C., céramique et pigments, h. 10,5 cm, Fundación Televisa.

Figurine anthropomorphe
Teotihuacan, 150-650 ap. J.-C., céramique, h. 12,7 cm.

Page de droite, de gauche à droite et de haut en bas :
Vase anthropomorphe
Teotihuacan, 250-450 ap. J.-C., céramique, h. 17,3cm, Mexico, musée Diego Rivera Anahuacalli.

Vase anthropomorphe à couvercle
Teotihuacan, 350-550 ap. J.-C., céramique, h. 13,7 cm, Mexico, musée Diego Rivera Anahuacalli.

Figure féminine
autoroute Mexico-Tuxpán, est de Teotihuacan, 250-550 ap. J.-C., céramique et pigments, h. 9,5 cm, musée du site.

Figurine anthropomorphe
Teotihuacan, 0-650 ap. J.-C., h. 6 cm.

Figure féminine
autoroute Mexico-Tuxpán, est de Teotihuacan, 250-550 ap. J.-C., céramique et pigments, h. 12 cm, musée du site.

Figurine anthropomorphe
Teotihuacan, 0-650 ap. J.-C., h. 9,7 cm.

Joueur de balle
Teotihuacan, 250-550 ap. J.-C., céramique et pigments, 15 x 8 x 2,8 cm, musée du site.

Figurine anthropomorphe à grande coiffure
Teotihuacan, 0-650 ap. J.-C., céramique, h. 17,7 cm.

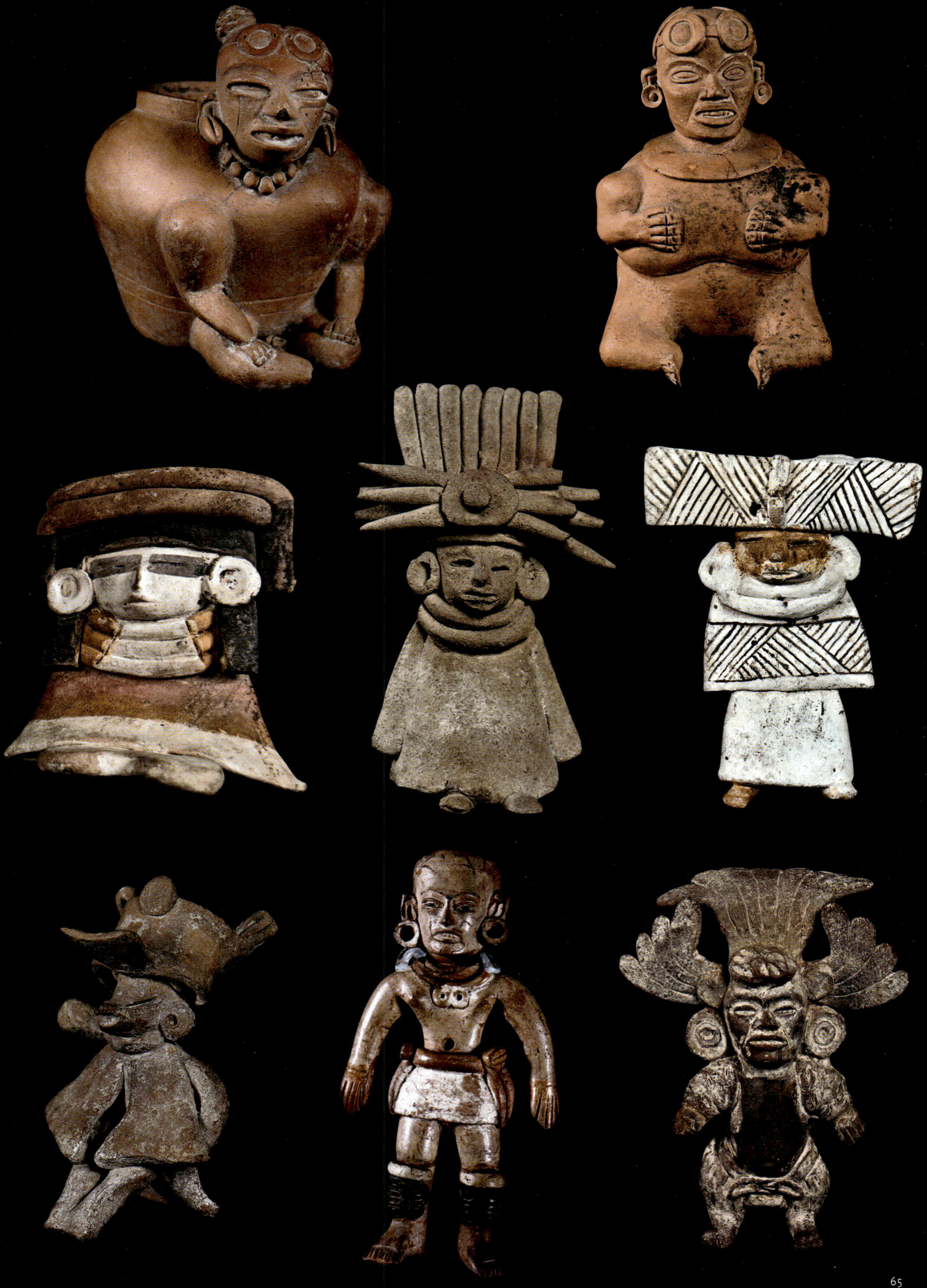

Guide pratique

« Teotihuacan, Cité des Dieux »
est présentée du 6 octobre 2009 au 24 janvier 2010
au musée du quai Branly
Galerie Jardin - 37, quai Branly 75007 Paris
Tél : 01 56 61 70 00 - www.quaibranly.fr

HORAIRES
Mardi, mercredi et dimanche : de 11h à 19h ;
jeudi, vendredi et samedi : de 11h à 21h.

ACCÈS
• Entrée Branly : 51 quai Branly
• Métro : Iéna, Alma Marceau(ligne 9), Bir- Hakeim (ligne 6), Pont de l'Alma (RER C).
• Bus : ligne 42, arrêt Tour Eiffel, lignes 63, 80, 92, arrêt Bosquet Rapp, ligne 72, arrêt Musée d'art moderne-Palais de Tokyo.
• Parking payant, accessible 25, quai Branly

COMMISSARIAT ET ORGANISATION
• Felipe Solís † Directeur de l'INAH (Institut national d'Anthropologie et d'Histoire de Mexico).
• Collaborateurs scientifiques : Dominique Michelet, directeur de recherche au CNRS et directeur du laboratoire « Archéologie des Amériques »(université de Paris I et CNRS) ; Fabienne de Pierrebourg, responsable des collections « Amériques » au musée du quai Branly.
• Cette exposition a été conçue par le Consejo Nacional para la Cultura y las Artes et l'Instituto Nacional de Antropologia e Historia de Mexico, avec le soutien de la Fundacion Televisa A.C.
Elle est coproduite par le musée du quai Branly, Paris, le Museum Rietberg, Zürich, et le Martin Gropius Bau, Berlin.

SCÉNOGRAPHIE
Jakob+MacFarlane architectes

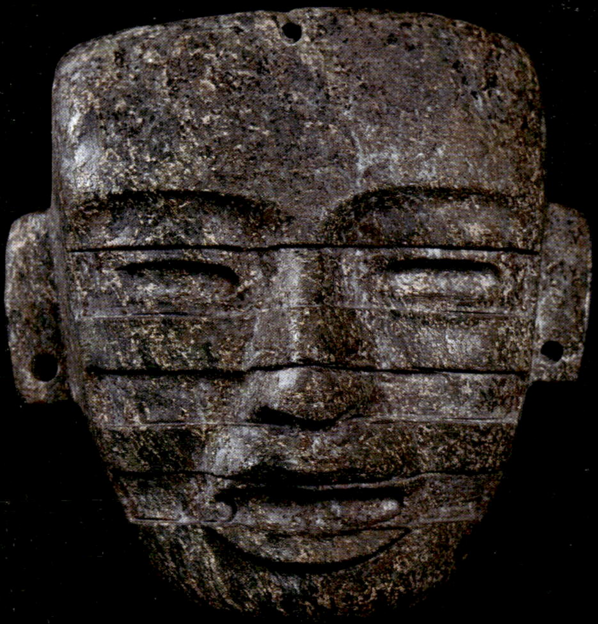

VISITES
• Visites guidées par un conférencier. Durée : 1 h 30. Calendrier des visites : http://www.quaibranly.fr/fr/programmation/visites-guidees/visites-des-expositions.html#c19495
• Audioguide de l'exposition.
• Visites des groupes : se renseigner auprès du service des réservations au 01 56 61 71 72.
• Pour les groupes de visiteurs handicapés, visites guidées tous les lundis à 10 h ou 14 h et du mardi au samedi selon disponibilités.
• Visites jeune public : le jeu multimédia "Mystères dans la cité des dieux" est proposé dans l'exposition aux enfants à partir de 7 ans.

AUTOUR DE L'EXPOSITION
• Le 7 octobre, Hommage à la mémoire de M. Felipe Solís (1944-2009), commissaire de l'exposition, et archéologue réputé, décédé au printemps 2009. Théâtre Claude Lévi-Strauss, accès libre.
• Colloque international "Rituels et pouvoir à Teotihuacan", le jeudi 8 octobre de 9 h 30 à 18 h 30 et le vendredi 9 octobre de 9 h 30 à 17 h 30. Salle de cinéma, accès libre sur inscription uniquement.
• Cycle cinéma-conférences : « L'imaginaire préhispanique dans les films de l'âge d'or mexicain », vendredi 9 et samedi 10 octobre à 18 h et dimanche 11 octobre à 16 h. Salon de lecture Jacques Kerchache, accès libre.
• L'aventure d'une œuvre : le vase « aux papillons », le dimanche 18 octobre à 16 h. Salon de lecture J. Kerchache, accès libre.
• Conférence « Les squelettes du graveur Posada ou la mort en fête », mercredi 28 octobre à 15 h. Salon de lecture J. Kerchache, accès libre.
• Conférence « Antiquités mexicaines. Regards sur l'archéologie du Mexique... », jeudi 29 octobre à 19 h. Salon de lecture J. Kerchache.
• Autour de l'art mexicain : sélection d'objets du Museo de Arte Popular de Mexico, du 6 octobre 2009 au 24 janvier 2010. Salon de lecture J. Kerchache.
• Voyage d'un jour au Mexique : le 17 octobre 2009, parcours dans les collections Amériques du musée parmi vases, sculptures et figurines.
• « Installation Tzompantli » de l'artiste mexicain Sergio Hernandez, dans le hall du musée, du 20 octobre au 13 décembre 2009.

JEUNE PUBLIC
• Atelier « Mission archéo, destination Mexique ». À quoi sert l'archéologie ? Qu'est-ce qu'un chantier de fouilles ? Voir le calendrier de l'atelier pour les 6 à 12 ans.
• Atelier « Globe-trotters chez les Aztèques », le 10 octobre à 14 h 30, les enfants de 6 à 12 ans vont à la rencontre des Aztèques du Mexique.
• Vacances de la Toussaint, du 24 octobre au 1er novembre 2009 : une semaine festive est proposée pour toute la famille : des ateliers pour les enfants, des visites guidées et contées, ainsi que la traditionnelle Fête des Morts...

SÉLECTION BIBLIOGRAPHIQUE

• Catalogue de l'exposition, éditions du musée du quai Branly, 2009.
• Collectif sous la direction de Maria Teresa Uriarte, *L'architecture précolombienne en Mésoamérique*, Hazan, 2009.
• Henri Stierlin, *Teotihuacán*, Gallimard Découvertes, 2009.
• Esther Pasztory, *Teotihuacan, An Experiment in Living*, University of Oklahoma Press, 1997.
• Kathleen Berrin and Esther Pasztory, *Teotihuacan : Art from the City of the Gods*, Thames & Hudson, 1994